国际内部审计专业实务框架

国际内部审计师协会2024年1月修订

— 中国内部审计协会 译 —

中国财经出版传媒集团
中国财政经济出版社
·北京·

图书在版编目(CIP)数据

国际内部审计专业实务框架 / 中国内部审计协会译 .
-- 北京 ：中国财政经济出版社，2024.6
ISBN 978-7-5223-3151-5

Ⅰ. ①国… Ⅱ. ①中… Ⅲ. ①内部审计 – 国际标准
Ⅳ. ① F239.45-65

中国国家版本馆 CIP 数据核字（2024）第 095039 号

责任编辑：叶 彤　　责任校对：胡永立
责任印制：党 辉　　封面设计：北京兰卡绘世

国际内部审计专业实务框架
GUOJI NEIBU SHENJI ZHUANYE SHIWU KUANGJIA

中国财政经济出版社出版
URL：http：//www.cfeph.cn
E-mail：cfeph @cfemg.cn

社址：北京市海淀区阜成路甲 28 号　邮政编码：100142
营销中心电话：010-88191522
天猫网店：中国财政经济出版社旗舰店
网址：https：//zgczjjcbs.tmall.com
北京富生印刷厂印刷　各地新华书店经销
成品尺寸：170mm × 240mm　16 开　13.25 印张　180 000 字
2024 年 6 月第 1 版　2024 年 6 月北京第 1 次印刷
定价：40.00 元
ISBN 978-7-5223-3151-5
（图书出现印装问题，本社负责调换，电话：010-88190548）
本社图书质量投诉电话：010-88190744
打击盗版举报热线：010-88191661　QQ：2242791300

译者序

国际内部审计师协会（IIA）于2009年发布《国际内部审计专业实务框架》(International Professional Practices Framework，简称IPPF)，先后进行了两次较大规模的修订，现行版本于2017年1月1日起正式生效并使用至今。

自2017年以来，内部审计的环境、自身的工作方式和利益相关方的要求都发生了显著变化。面对这些变化，现行IPPF，特别是其中的关键组成部分《国际内部审计专业实务标准》中存在的一些问题逐步显现，例如：现行IPPF的结构使得IIA难以迅速地响应内部审计发展的新变化；对属于某些特定行业、部门、国家（地区），或规模较小、成熟度较低的内部审计机构来说，遵循某些要求存在难度；IPPF通过多次修订逐步增加组成要素，使各要素之间难以避免地存在重复或冲突的情况。

面对这些问题，IIA于2019年启动了本轮的修订工作。

通过前期大量的问卷调查、座谈和研讨，将2017版IPPF中的内部审计的使命、内部审计实务的核心原则、内部审计定义、职业道德规范、《国际内部审计专业实务标准》和执行指南进行了整合，于2023年3月发布了《全球内部审计准则》（以下简称《准则》）的征求意见稿。根据征求意见期间收集到的1.9万余则意见建议和60多封国际组织、监管机构和其他单位反馈意见的信函，IIA对征求意见稿进行了进一步修改，于2024年1月9日发布了修订完成的《准则》，新《准则》作为新修订的IPPF的组成部分，将于2025年1月9日起正式生效。

修订后的《准则》体现了以下主要特点：

1. 关注公共利益

《准则》首次明确了内部审计能够强化组织服务公共利益的能力。这意味着内部审计人员不但要为本组织的发展提供服务，还需要通过帮助组织提升透明度、完善问责机制、强化治理能力，以服务社会公众的利益。

2. 结构更加合理

《准则》分为5个领域、15项原则和52项标准，对强制性和推荐性的内容进行了区分，使整体结构更加清晰。《准则》每项标准及其要求、执行标准需考虑的因素和证明遵循性的示例，形成了完整的体系，在明确原则的同时，提供了如何遵循标准的具体指引。此外，对于公共部门等特定环境下的内部审计，《准则》也在必要时作了单独说明，阐述了在受客观条件限制、无法遵循标准的情况下，如何实现《准则》的意图。

3. 关注战略和沟通

《准则》突出了有关内部审计战略的要求，强调了内部审计必须制定符合组织发展要求和利益相关方期待的战略，意味着内部审计需要在推动组织发展的过程中发挥更具战略性的作用。同时，《准则》还拓展了首席审计执行官与董事会和高级管理层沟通的深度和广度，明确了一系列必须进行沟通的情况和场景。

4. 关注质量和绩效

《准则》中对内部审计质量也提出了更高的要求。质量评估过程中不但要对遵循《准则》的情况进行评价，还要检查绩效目标的完成情况。另外《准则》还新增了有关内部审计职能绩效的标准，要求首席审计执行官在充分考虑董事会和高级管理层意见的情况下，确立内部审计职能的绩效目标，并为绩效目标可以包含哪些方面给出了指引。

总的来说，IPPF中各项要素的组织方式更加合理。在《准则》之外，IPPF中还专门设置了针对特定领域或事项的内部审计活动的《专项要求》，以便在新问题和新情况出现时，可以更加迅速地推出相关指南。《准则》作为IPPF中的关键组成部分，更加贴近近年来的内部审计实践，具有更强的易用性、针对性和逻辑性，也为内部审计的发展发挥了更好的引领作用。有关IPPF和《准则》的结构、组成部分和使用原则详见“关于《国际内部审计专业实务框架》”和“《全球内部审计准则》的基础”这两部分。由于IPPF的组成要素中，《专项要求》尚在制定过程中，将在未来陆续发布；《全球指南》也在陆续修订和更新；因此上述两部分此次未收录入本书。

经IIA授权，中国内部审计协会是《准则》简体中文版的指定翻译机构。《准则》的翻译和审校工作由协会副秘书长刘智伊负责，组织夏青、刘慧博、张力、伍振宇等专家和协会尤广辉、肖竞、贾心悦等工作人员共同完成。在此过程中，我们参考了2017版和过往版本的IPPF以及IIA近年来发布的各类指南和成果，尽可能在保持翻译工作延续性的前提下体现新版本的特色。该项工作得到了协会领导鲍国明和沈立强的大力支持和悉心指导。限于译者的水平，难免存在疏漏之处，敬请读者批评指正。

中国内部审计协会

2024年4月3日

目录

2024年1月9日正式发布。

致谢

国际内部审计师协会向在**《全球内部审计准则》**™（以下简称《准则》）制定过程中提供指导和帮助的利益相关方表示感谢。IIA特别需要感谢国际内部审计准则委员会，该委员会由来自全球的内部审计人员组成，为确保《准则》能够提升内部审计专业实务，他们慷慨地贡献了大量时间和专业知识。IIA感谢IPPF监督委员会在确保准则制定过程符合公共利益方面发挥的重要作用，感谢职业资格委员会积极提出建议，感谢IIA员工和技术顾问为此项目的执行和管理获得成功提供保障。

关于《国际内部审计专业实务框架》

框架提供了一个架构蓝图和逻辑体系，以促进对某学科和职业所需的知识体系的持续发展、解释和应用。《国际内部审计专业实务框架》（IPPF）®整合了国际内部审计师协会颁布的内部审计专业实务的权威知识体系。该框架包括**《全球内部审计准则》《专项要求》**和**《全球指南》**三个部分。

IPPF针对当前内部审计实践，同时使全球范围内的内部审计从业人员和利益相关方能够灵活应对不同环境、不同宗旨、不同规模和不同结构的组织对高质量内部审计服务的持续需求。

强制性指南	**《全球内部审计准则》**旨在指导全球内部审计专业实务，并作为评价和提升内部审计质量的依据。《准则》的核心是15项指导性原则，用于帮助实现内部审计工作的有效性。每项原则都包括若干标准，每项标准又由**要求**、**执行标准的考虑因素**和**证明遵循性的示例**组成。这些内容共同帮助内部审计人员遵循原则和践行**内部审计的宗旨**。
	《专项要求》旨在提升与特定领域或事项相关的内部审计服务的一致性和质量，并为在这些风险领域开展业务的内部审计人员提供支持。当项目范围包括了特定领域或事项时，内部审计人员须遵循相关要求。 **《专项要求》**增强了内部审计在应对各个行业和领域不断变化的风险环境方面的持续相关性。
补充性指南	**《全球指南》**为开展内部审计工作提供非强制性的信息、建议和最佳实务，从而促进对《准则》的有效遵循。《全球指南》由IIA通过正式的审核和批准程序予以认可。 **《全球实务指南》**就以下内容提供了详细的方法、具体的程序和示例： · 确认和咨询服务 · 项目计划、实施和沟通 · 金融服务 · 舞弊和其他普遍存在的风险 · 内部审计职能的战略和管理 · 公共部门 · 可持续性 **《全球技术审计指南》**（GTAG®）为审计人员提供了有关组织信息技术和信息安全风险及控制确认和咨询服务方面的知识。

《全球内部审计准则》的基础

国际内部审计师协会颁布的**《全球内部审计准则》**（以下简称《准则》）用于指导全球内部审计的专业实务，并作为评价和提升内部审计职能工作质量的基础。《准则》的核心是15项指导性原则，用于帮助实现内部审计的有效性。每项指导性原则都包括若干标准，每项标准又由**要求**、**执行标准的考虑因素**和**证明遵循性的示例**组成。上述这些内容共同帮助内部审计人员遵循原则和践行**内部审计的宗旨**。

内部审计和公共利益

公共利益包括了社会和经济利益，以及社会和社会中的组织（包括雇主、雇员、投资者、企业和金融界、客户、顾客、监管机构和政府等）的整体福祉。有关公共利益的问题应当被置于具体背景下予以考虑，且应当权衡道德、公平、文化规范和价值观，以及对某些个人和社会特定群体潜在的不同影响。

内部审计在提升组织服务公共利益能力方面发挥重要作用。尽管内部审计的首要职能是强化治理、风险管理和控制过程，但其影响超出了组织本身。内部审计通过对组织运营的效率、报告的可靠性、对法律法规的遵循情况、对资产的保护和职业道德文化提供确认，促进组织整体稳定和可持续发展。这也相应地提升了公众对组织和组织所在的整个系统的信任和信心。

IIA坚持听取公众意见，制定能够使公众受益的准则。国际内部审计准则委员会负责制定和维护符合公众利益的《准则》。为保证这一目的的实现，IIA执行了广泛和持续的正当程序，由一个独立的机构IPPF监督委员会进行监督。该程序包括了征求各利益相关方的意见，其中有内部审计从业人员、行业专家、政府机构、监管机构、公众代表等，并充分考虑他们的利益，确保《准则》能够反映社会的不同需求和优先事项。

《准则》的适用性和要素

《全球内部审计准则》提出了全球内部审计专业实务的原则及标准（**要求、执行标准的考虑因素、证明遵循性的示例**）。《准则》适用于所有提供内部审计服务的个人和团队。无论组织是直接聘用的内部审计人员，还是与外部服务提供方签订合同，抑或两种情况兼有，《准则》均适用。接受内部审计服务的组织在部门和行业隶属关系、目的、规模、复杂程度和结构等方面各不相同。

《准则》适用于内部审计职能和包括首席审计执行官在内的内部审计人员。首席审计执行官有责任要求内部审计职能实施并执行所有原则及标准；所有内部审计人员对其个人在履行工作职责时遵循有关原则及标准负责（这部分原则及标准主要包含在**领域二：职业道德和职业素养**以及**领域五：实施内部审计业务**中）。

《准则》主要分为五个领域：

- 领域一：内部审计的宗旨。
- 领域二：职业道德和职业素养。
- 领域三：内部审计治理。
- 领域四：内部审计管理。
- 领域五：实施内部审计业务。

领域二至五均包含以下要素：

- 原则：对一组相关要求和考虑因素的总体描述。
- 标准，具体包括：
    - 要求：内部审计实务必须满足的强制性要求。
    - 执行标准的考虑因素：执行要求时要考虑的常规和首选的做法。
    - 证明遵循性的示例：证明该标准的要求得到执行的方法。

《准则》在**要求**部分使用“必须”一词；在**执行标准的考虑因素**部分使用“应当”或“可以/可”来说明常规和首选做法。每一项标准最后会列出**证明遵循性的示例**。示例并非强制性要求，也不应作为证明遵循性的唯一方法，相反，标准中列出的**证明遵循性的示例**目的是帮助内部审计职能为质量评估做好准备，因为质量评估依赖于这些证明性证据。《准则》中的有关术语在所附词汇表中进行了定义。要正确理解和执行《准则》，需要理解词汇表中所述术语的具体含义和用法并采用。

证明对《准则》的遵循

要求、**执行标准的考虑因素**和**证明遵循性的示例**旨在帮助内部审计人员遵循**标准**的要求。虽然内部审计人员应当遵循相关要求，但有时可能无法遵循某项要求，但仍然能实现该标准的目的。可能需要作出调整的情况往往是由于资源的限制或部门、行业和/或所在国家（地区）的特定要求。在出现此类例外情况时，应当采取替代行动来实现相关标准的目的。首席审计执行官有责任记录并告知相关方偏离相关标准的理由和采取的替代行动。具体要求和内容详见**标准4.1 遵循《全球内部审计准则》**和**领域三：内部审计治理**的相关原则及标准。需要调整的情况千差万别，无法一一列举。以下讨论了两种需要关注的情形：小规模内部审计部门和公共部门的内部审计职能。

《准则》在小规模内部审计部门中的应用

内部审计职能完全遵循**标准**的能力可能会受其规模以及其所在组织规模的影响。由于资源有限，完成某些任务可能会具有一定的挑战性。此外，如果内部审计职能只有一名成员，有效的质量保证与改进程序就必然要求内部审计职能以外的人员提供协助。（详见**标准10.1 财务资源管理**、**标准12.1 内部评估**和**标准12.3 监督和改进项目绩效**。）

《准则》在公共部门的应用

虽然《全球内部审计准则》适用于所有内部审计职能，但公共部门的内部审计人员是在治理、组织和资金结构可能不同于私营部门的政治环境中开展工作。这些结构的性质及环境可能受到内部审计职能所属国家（地区）和政府层级的影响。此外，公共部门使用的一些术语也与私营部门不同。这些差异可能都会影响公共部门内部审计职能对《准则》的应用。在“**领域五：实施内部审计业务**”之后，“**《全球内部审计准则》在公共部门的应用**”部分专门说明了公共部门内部审计在特殊情形和条件下遵循《准则》的内部审计工作方法。

词汇表

审计对象：内部审计业务的对象。例如，某个领域、实体、业务、职能、过程或者系统。

咨询服务：内部审计人员向组织的利益相关方提供建议而不是提供确认或承担管理责任的服务。咨询服务的性质和范围需与有关的利益相关方协商确定。例如，为新政策、流程、系统和产品的设计与实施提供建议，提供法证服务，提供培训，以及促进有关风险和控制的讨论等。"咨询服务"也称为"顾问服务"。

确认：通过将某项问题、实际状况、专题领域，即审计对象与评价标准进行对比，根据对比结果作出的声明，旨在增强利益相关方在组织相关领域治理、风险管理和控制过程的信心。

确认服务：内部审计人员开展客观评估以提供确认的服务。确认服务包括对合规、财务、运营或绩效、技术等方面开展的业务。根据项目的性质、时间安排和程序，内部审计人员可以提供有限确认或合理确认。

董事会：负责治理的最高层级机构，例如：

• 董事会

• 审计委员会

• 理事会或受托人委员会

• 选举任职的官员或政治任命的官员组成的团体

• 有权履行相关治理职责的其他机构

如果组织内部设有一个以上的治理机构，“董事会”指的是有权为内部审计职能确立适当权力、角色和责任的一个或多个机构。

如果上述所列机构均不存在，“董事会”应理解为组织内部履行最高治理职责的团体或人员，例如，组织的主要负责人和高级管理层等。

首席审计执行官：负责有效管理内部审计职能的各方面工作，并按照《全球内部审计准则》确保内部审计服务质量的领导角色。不同组织中的具体职务名称和/或职责可能会存在差异。

胜任能力：知识、技能和能力。

合规：遵循法律、法规、合同、政策、程序及其他要求。

利益冲突：可能（或者被认为可能）影响内部审计人员作出客观职业判断或客观履行职责能力的情况、活动或关系。

控制：管理层、董事会或其他各方为管理风险、提高实现既定目标的可能性而采取的各项措施。

控制过程：为管理风险而设计和运行的政策、程序和活动，目的是确保将风险控制在组织可接受范围内。

评价标准：审计业务中，审计对象应达到预期状态的具体标准。

项目/业务：一项特定的内部审计任务或者项目，包含多项具体任务或者活动，旨在实现一系列具体的相关目标。详见“确认服务”和“咨询服务”。

项目结论：内部审计人员从总体上对审计发现作出的职业判断。项目结论应当说明审计对象情况是否令人满意。

项目目标：明确表达项目目的和描述需实现的具体目标的声明。

项目计划：内部审计人员为项目实施收集信息、评估有关审计对象的风险并为其排序、确立项目目标和范围、确认评价标准和编制工作方案的过程。

项目结果：项目的审计发现和结论。项目结果中还可以包括建议和/或行动计划。

项目负责人：负责督导项目实施的内部审计人员，其职责包括培训和协助其他内部审计人员，以及审核和批准项目工作方案、工作底稿、项目结果沟通和业务绩效。首席审计执行官可以担任项目负责人，也可将此职责委派给他人。

项目工作方案：确定为实现项目目标需要完成的任务、完成任务所需采用的方法和工具，以及内部审计人员任务分工的文件。工作方案以项目计划过程中获取的信息为基础。

外部服务提供方：来自组织外部的资源，为支持内部审计服务提供相关知识、技能、经验、工具等。

发现：在项目实施中，确定审计对象的现状与评价标准之间存在的差异。

舞弊：个人或组织以欺骗、隐瞒、不诚信、挪用资产或信息、伪造或损害信任等手段，谋求不当或非法个人/商业利益的故意行为。

治理：董事会实施的各种流程和结构的组合，以告知、指导、管理和监督组织的各项活动，以实现组织目标。

影响：某个事件带来的结果或后果。该事件可能会为组织的战略或经营目标带来正面或负面的影响。

独立性：不受对内部审计职能公正履职能力造成损害的情形的影响。

固有风险：在没有采取任何控制措施情况下存在的内部和外部风险因素的组合。

诚信：以遵循道德和职业道德原则为特征的行为，包括彰显诚实和职业勇气，以相关事实为依据采取行动。

内部审计章程：包括内部审计职能的职责和权限、组织定位、报告关系、工作范围、服务类型以及其他具体要求的正式文件。

内部审计职能：负责为组织提供确认和咨询服务的专业人员或团队/部门。

内部审计职责和权限：董事会和/或法律和/或法规赋予内部审计职能的权力、角色和责任。

内部审计手册：首席审计执行官负责制定的描述审计方法（政策、流程和程序）的文件/文档，用于指导内部审计人员。

内部审计计划：首席审计执行官编制的文件，确定了在特定时期内计划实施的项目和其他内部审计服务。计划应基于风险，且应该是动态的，反映出能够根据影响组织的变化及时作出的调整。

内部审计：一种独立、客观的确认和咨询活动，旨在增加价值和改善组织的运营。它通过应用系统的、规范的方法，评价并改善治理、风险管理和控制过程的有效性，帮助组织实现目标。

可能性：特定事件发生的概率。

可以/可：在《全球内部审计准则》的“**执行标准的考虑因素**”部分使用“可以/可”，表示在执行标准要求时可选择的做法。

方法/方法体系：首席审计执行官制定的政策、流程和程序，以指导内部审计职能并提高其有效性。

必须：《全球内部审计准则》使用“必须”来表示应无条件遵循的要求。

客观性：不偏不倚的心态，使内部审计人员毫不妥协地作出职业判断、履行职责和践行**内部审计的宗旨**。

外包：与独立的、组织外部的内部审计服务提供方签订合同。全部外包是外包整个内部审计职能，部分外包（也称“合作外包”）是外包部分内部审计职能。

定期：根据组织（包括内部审计职能）的需求确定，按照一定时间间隔开展某项活动。

职业怀疑：对信息可靠性的质疑和批判性的评估。

公共部门：政府部门，以及由公众控制或出资的所有向公众提供项目、产品或服务的机构、企业和其他实体。

质量保证和改进程序：由首席审计执行官制定的程序，用于评价和确保内部审计职能遵循《全球内部审计准则》，实现绩效目标和追求持续改进。程序包括了内部评估和外部评估。

剩余风险：实施管理措施后仍然存在的部分固有风险。

内部审计服务的结果：内部审计工作的产出，包括项目结论、专题成果（如有效实践或根本原因分析）以及业务部门或组织层面的结论等。

风险：对目标实现产生积极或消极影响的不确定性。

风险和控制矩阵：一种用于促进内部审计开展工作的工具，一般会将业务目标、风险、控制过程和支持内部审计实施的重要信息联系起来。

风险偏好：组织为实现其战略和经营目标愿意承担的风险类型和程度。

风险评估：识别和分析与组织目标实现相关的风险。风险的重要性通常根据影响和可能性两个方面进行评估。

风险管理：识别、评估、管理和控制潜在事件或情形的过程，目的是为组织实现目标提供合理确认。

风险容忍度：在业务目标实现过程中对差异的可接受程度。

根本原因：导致评价标准与审计对象现状之间存在差异的深层次原因。

高级管理层：组织的最高执行管理层，在执行组织的战略决策方面对董事会负最终责任，一般包括首席执行官或主要负责人在内的团队。

应当/应：在《全球内部审计准则》的“**执行标准的考虑因素**”部分使用“应当/应”，表示推荐性但非强制性的做法。

重要性：某一事项在具体环境下的相对重要程度，包括定性和定量因素，例如程度、性质、相关性和影响等。职业判断有助于内部审计人员根据相关目标对重要性进行评价。

利益相关方：与组织的活动和结果有直接或间接利益的某一方。利益相关方可包括董事会、管理层、员工、顾客、供应商、股东、监管机构、金融机构、外部审计人员、公众等。

工作底稿：项目计划和实施的内部审计工作书面记录，为项目的发现和结论提供支持性信息。

领域一：

内部审计的宗旨

宗旨声明旨在帮助内部审计人员和内部审计利益相关方理解和阐明内部审计的价值。

宗旨声明

内部审计通过为董事会和管理层提供独立客观、基于风险的确认、建议、洞见、远见，增强组织创造、保护和保持价值的能力。

内部审计增强组织：

- 成功实现其目标。
- 治理、风险管理和控制过程。
- 决策和监督。
- 在利益相关方中的声誉和信誉。
- 服务公共利益的能力。

内部审计在以下情况下最有效：

- 合格的内部审计人员遵循符合公共利益的《全球内部审计准则》开展工作。
- 内部审计职能具有独立性，直接向董事会负责。
- 内部审计人员免受不当影响，坚持开展客观评估。

领域二：

职业道德和职业素养

《全球内部审计准则》中**职业道德和职业素养**的原则和标准取代了IIA之前的《职业道德规范》，概述了对包括首席审计执行官、其他个人和提供内部审计服务的任何实体在内的专业内部审计人员的行为期望。遵循这些原则及标准可以增强对内部审计职业的信任，创建内部审计职业道德文化，并为依赖内部审计人员的工作和判断奠定基础。

所有内部审计人员必须遵循**职业道德和职业素养**的相关标准。如果内部审计人员需要遵守其他道德规范、行为或行为准则，如组织的职业道德规范，则内部审计人员仍应当遵循**职业道德和职业素养**的相关原则及标准。这些原则及标准中未提及的特定行为不意味着被视为可接受或可信的。

尽管内部审计人员要对自身的遵循性负责，但首席审计执行官应通过提供培训和指导的机会，支持和促进内部审计人员遵循**职业道德和职业素养**的相关原则及标准。首席审计执行官可以选择将特定的遵循性管理责任授权给他人，但仍需对内部审计职能的职业道德和职业素养负责。

原则1　彰显诚信

> 内部审计人员在工作及其行为中彰显诚信。

诚信是以遵守道德和伦理原则为特征的行为，包括彰显诚实和根据相关事实采取行动的勇气，即使面对压力或者这样做可能会对个人或组织造成潜在的不利影响也不例外。简而言之，内部审计人员应当说真话、做正确的事情，即使这样做会面临困难。

诚信是**职业道德和职业素养**中其他原则的基础，包括客观、胜任、应有的职业审慎和保密。内部审计人员的诚信对于建立信任和赢得尊重至关重要。

标准1.1　诚实和职业勇气

要求

内部审计人员必须以诚实和职业勇气开展工作。

内部审计人员必须在各种职业关系和沟通中做到真实、准确、清晰、公开和尊重他人，即使在表达怀疑或提出相反观点时也是如此。内部审计人员不得作出虚假、误导性或者欺骗性的陈述，也不得隐瞒或遗漏结果沟通中的审计发现或其他相关信息。内部审计人员必须披露已知的所有重要事实，如果不披露，可能会影响组织在知悉充分信息的前提下作出明智决策的能力。

内部审计人员必须通过如实沟通和适当行动展现出职业勇气，即使面临困难和困境也不例外。

首席审计执行官必须营造一种工作环境，使内部审计人员在表达合法的、基于证据的项目结果（无论是有利还是不利）时感受得到了支持。

执行标准的考虑因素

内部审计人员应通过寻求机会接受与职业道德相关的持续职业教育，增加对诚实和职业勇气的认识和理解。尽管持续职业教育有助于内部审计人员在假设情景中建立对诚实和职业勇气的认识，但职场培训、指导和监督能使内部审计人员学习和实践相关技巧，如得体和相互尊重的沟通等，这些是在实际情况下有效运用职业勇气所必需的。当内部审计人员遇到挑战其诚实或职业勇气的情况时，应该与相关管理人员讨论相关情况，以确定最佳行动方案。

为了支持内部审计人员，首席审计执行官应该安排教育和培训的机会，并讨论需要作出职业道德选择的假设和真实情景。对内部审计职能的有效管理包括适当的审计业务监督和对内部审计人员绩效的定期审查。例如，审批项目工作方案或审核工作底稿时，项目负责人可以提供适当的指导，帮助内部审计人员处理对其诚实和诚信构成威胁的实际或潜在的情况。作为内部审计人员绩效评估的一部分，首席审计执行官还可以向与内部审计人员有互动关系的利益相关方征求有关内部审计人员诚实和职业勇气方面的反馈意见。

证明遵循性的示例

- 包括职业道德教育和培训等计划。
- 内部审计人员参加或参与职业道德培训的证明文件。
- 以诚实和职业勇气为目标的绩效评估。
- 主要利益相关方对内部审计人员诚实和职业勇气的反馈意见。

标准1.2　组织对职业道德的期望

要求

内部审计人员必须理解、尊重、满足并致力于本组织在遵守法律和职业道德方面的期望，并能识别违背这些期望的行为。

在组织内，内部审计人员必须鼓励和倡导职业道德文化。内部审计人员如果发现有不符合组织职业道德期望的行为，必须根据适用的政策和程序予以报告。

执行标准的考虑因素

组织的道德期望通常记录在职业道德规范、行为规范和/或与职业行为和道德行为相关的政策中。这些政策以及组织提升其道德和价值观的目标和程序，为职业道德文化奠定了基础。

内部审计计划可包括对组织中与职业道德相关风险的评估，以确定现有的政策和控制过程是否能充分、有效地应对这些风险。例如，组织的政策可以规定解决和沟通职业道德相关问题的标准和流程，应当参与沟通的各相关方，以及向更高层级报告解决未决问题的程序。此外，首席审计执行官还应当确定解决职业道德问题的方法，并与董事会和高级管理层讨论，以确保方法的一致性。

内部审计人员在实施具体项目时应当考虑与职业道德相关的风险和控制措施。内部审计人员如果发现组织内存在违背组织职业道德期望的行为，应按照首席审计执行官根据组织的政策、流程以及法律法规制定的方法进行沟通。

如果内部审计人员确定高级管理层成员的行为与组织的职业道德期望不一致（无论是在行为规范、职业道德规范还是其他文件中），首席审计执行官应当向董事会报告相关违规问题。如果与道德相关的问题涉及董事长，首席审计执行官应当向董事会全体成员报告。内部审计人员应当跟进涉及董事会或高级管理层的职业道德相关问题，并确认已采取适当行动来解决该问题。

证明遵循性的示例

- 内部审计人员参加研讨会、培训活动或会议讨论职业道德期望或问题的记录。
- 由内部审计人员签署的文件，确认其了解并承诺遵守组织的职业道德政策和流程。
- 表明对组织职业道德相关目标、风险和控制过程等加以关注的内部审计计划、工作方案或工作底稿。
- 证明已根据组织政策和相关法律和/或法规与董事会、高级管理层和监管机构就职业道德问题进行过沟通的文件记录。

标准1.3　合法和职业道德行为

要求

内部审计人员不得从事或参与任何非法或有损组织或内部审计职业声誉的活动，或可能损害组织或其员工的任何活动。

内部审计人员必须了解和遵守与组织所在行业和国家（地区）相关的法律和/或法规，包括按要求进行披露。

如果内部审计人员发现违反法律法规的行为，必须按照法律、法规和适用的政策以及流程向有权采取适当行动的人员或机构报告。

执行标准的考虑因素

如果组织政策不够具体，无法解决内部审计职能遇到的问题，那么首席审计执行官可以建立并执行一套方法体系，明确规定内部审计人员面对违反法律法规行为时应采取的行动，其中包括确认已采取适当行动处理违规行为的程序。

首席审计执行官应当建立一套方法体系，确保内部审计人员受到适当的监督，遵循《全球内部审计准则》，且行为符合职业道德和职业价值观。

不当行为的示例包括但不限于：

- 欺凌、骚扰或歧视。
- 撒谎、欺骗或故意误导他人，包括谎报自己的胜任能力或资格（如在资格认证已过期或失效、已被撤销或从未获得的情况下，仍声称拥有资格或展示资格证书）。
- 故意发布虚假报告或沟通结果，允许或鼓励他人这样做，包括减少、隐瞒或删除审计报告或总体评价中的审计发现、结论或评级结果。
- 忽视所在组织可能容忍或纵容的非法活动。
- 未经适当授权获取或披露保密信息。
- 在客观性或独立性受损但未作声明的情况下提供内部审计服务。
- 在无证据支持的情况下声明内部审计职能遵循《全球内部审计准则》开展工作。
- 不为错误承担责任。

证明遵循性的示例

- 内部审计人员参加法律、法规、职业道德和职业行为培训的记录。
- 内部审计人员声明他们了解并按照相关法律和职业要求开展内部审计活动的承诺书。
- 处理内部审计人员的非法行为或失信行为，以及组织内部个人违反法律法规行为的方法的文件记录。
- 内部审计人员与相关管理人员和/或法律顾问针对处理有关非法或违反职业道德行为的沟通记录。
- 工作底稿的审核签字。
- 项目结果沟通（如适用）。

原则2　保持客观性

> 内部审计人员实施内部审计业务和作出职业判断时应保持公正、不偏不倚的态度。

客观性指一种不偏不倚的心态，使得内部审计人员能够在不妥协的情况下作出职业判断、履行职责和践行**内部审计的宗旨**。内部审计职能的独立性有助于内部审计人员保持客观性。

标准2.1　个人的客观性

要求

内部审计人员在内部审计服务的各个方面必须保持职业客观性。职业客观性要求内部审计人员秉持不偏不倚的心态，并基于对所有相关情况的综合评估作出判断。

内部审计人员必须了解并管理可能存在的偏见。

执行标准的考虑因素

客观性是指内部审计人员开展工作时不妥协或不屈从于他人的判断。《全球内部审计准则》以及首席审计执行官制定的政策和安排的培训，通过提供要求、程序和指南来保障客观性。这些要求、程序和指南规定了收集和评估信息的系统和规范的方法，以便对审计对象进行综合评估。培训可以帮助内部审计人员更好地了解损害客观性的各种情形，以及更好地解决这些情况。

客观的评估需要不偏不倚的态度，不受偏见和不当因素影响，这对于向董事会和高级管理层提供客观的确认和建议至关重要。内部审计人员应当增强对可能影响保持客观性的环境、活动和关系的认知能力。

内部审计人员应当考虑人们会误解信息、作出假设或犯错，这将损害内部审计人员客观评价信息和证据的能力。

偏见的示例包括但不限于：

- 自我检查偏差：在检查自己的工作时缺乏批判性视角，这可能导致错误或缺点被忽视。
- 熟悉度偏见：根据过去的经验作出假设，这可能损害职业怀疑。
- 偏见或无意识的偏见：基于对文化、民族、性别、意识形态、种族或其他特征的先入为主的想法，对信息的误解，可能会导致不准确的判断。

证明遵循性的示例

- 内部审计章程中规定内部审计人员保持客观性的责任。
- 与客观性相关的政策和程序。
- 与客观性有关的培训计划和完成情况的记录，包括参训名单。
- 确认内部审计人员意识到客观性的重要性和披露潜在损害的义务的承诺书。
- 披露潜在的利益冲突或其他损害客观性的记录。
- 对内部审计人员的督导检查和指导记录。

标准2.2　保障客观性

要求

内部审计人员必须认识并避免或减轻对客观性实际、潜在以及被认为存在的损害。

内部审计人员不得接受任何有形或无形的物品，如礼品、报酬、恩惠等，以免损害或可能损害客观性。

内部审计人员必须避免利益冲突，不得受自身或他人利益（包括高级管理层或其他有权势者）或政治环境以及其他方面的不当影响。

实施内部审计业务时：

- 内部审计人员必须避免评估他们以前负责的具体活动。如果内部审计人员为其过去12个月内负责的活动提供确认服务，则推断其客观性受到损害。
- 如果内部审计职能要对以前提供咨询服务的领域提供确认服务，首席审计执行官必须确认咨询服务的性质不会损害客观性，并且必须分配资源以管理个人的客观性。对首席审计执行官负责的职能领域的确认业务必须由内部审计职能之外的独立一方进行监督。
- 如果内部审计人员需要提供与其以前负责活动相关的咨询服务，必须在接受业务前向请求服务的一方披露潜在的损害。

首席审计执行官必须建立处理客观性受损的方法体系。内部审计人员必须根据相关方法探讨这些损害，并采取适当的行动。

执行标准的考虑因素

当各类情形、活动或关系可能影响内部审计人员的判断和决策，从而可能改变内部审计发现和结论时，客观性就受到损害。对客观性的损害可能在事实上或表面上存在，即使有时是无意的。客观性可能被他人认为受到损害，即使事实上并没有发生。内部审计人员应当对可能损害或假定损害客观性的其他情况作出判断。

利益冲突是指内部审计人员的职业利益或个人利益发生冲突，使其难以公正履行内部审计职责的情形。利益冲突即使没有形成不道德或不当行为的结果，但可能会引起不当行为的表象，从而破坏对内部审计人员、内部审计职能和内部审计职业的信心。

利益冲突的示例包括事实上或表面上可能存在的情形、活动和关系：

- 与组织利益相悖或者存在竞争。
- 造成不当经济利益或其他个人利益的可能性。
- 仅为保护自己免受潜在或实际的损失或伤害而设立。
- 任人唯亲或偏袒某些人。

内部审计职能的方法体系应明确规定对内部审计人员的期望和要求，包括：

- 与接受礼品、恩惠和报酬相关的政策。
- 识别可能损害客观性的情形。
- 意识到损害时作出适当的反应。

许多组织都有与接受礼品、报酬和恩惠相关的政策，如限制可接受礼品价值的政策。鉴于客观性在内部审计实务中的重要性，首席审计执行官可以制定比组织的政策更严格的政策。内部审计人员应当遵循更严格的政策，认真考虑接受礼品、报酬或恩惠是否会影响自己的判断，或被认为会以提供有利的内部审计发现、结论或结果为交换条件。

组织和/或内部审计职能的政策可能禁止某些导致利益冲突的特定活动或关系。内部审计人员应当注意工作之外密切的个人关系或经济往来（比如投资），可能存在或看似存在利益冲突。

首席审计执行官应当采取预防措施，减少因绩效评估、薪酬、奖金和奖励的安排或设计可能对客观性造成损害的情况。可能损害客观性的薪酬安排示例包括：

- 绩效评估和薪酬安排主要依据审计对象管理层反馈的问卷调查结果或意见。
- 根据项目中的发现数量、审计对象的收入增长情况、成本节约或岗位裁撤情况衡量绩效。
- 允许管理层以礼品和酬金的形式提供间接补贴。

内部审计人员应当运用其对客观性及相关政策和程序的理解，评估是否存在可能损害或推断会损害客观性的情形、活动或关系。内部审计人员还应当考虑其他人的看法。

对审计业务的人员配置和监督要求旨在确保承担项目的内部审计人员最近没有对审计对象的任何方面承担责任。如果承担这些责任，内部审计人员的观点可能会有偏见，从特定的结果中获益，或者可能造成内部审计人员客观性受损的看法或表象。在项目中，执行和监督审计业务的内部审计人员应独立于所审查的活动。

当计划项目资源时，首席审计执行官或其指定的项目负责人应当与内部审计人员讨论，确认该业务是否存在已有或潜在的对于客观性的损害。讨论应当考虑以前披露的任何损害。

作为业务督导的一部分，复核工作底稿以确保审计发现和结论得到充分支持。业务督导也为更有经验的内部审计人员就潜在的客观性问题提供反馈和指导的机会。（参见**标准 12.3 监督和改进项目绩效**和**标准 13.5 项目资源**。）

如果对客观性的损害无法避免，应按照**标准 2.3 披露对客观性的损害**的要求进行披露并降低损害。

证明遵循性的示例

- 识别潜在损害和必要保障措施的政策和程序。
- 有关客观性培训的记录。
- 证明内部审计人员没有已知晓的损害或已披露潜在损害的相关文件。
- 对内部审计人员客观性看法的反馈，如来自内部审计职能的利益相关方的调查结果。
- 督导检查的记录。
- 薪酬计划。
- 董事会讨论客观性受损的会议纪要。
- 说明在无法避免客观性受损的情况下为完成审计计划采取替代措施的方案。
- 由独立评估人员实施外部质量评估的结果。

标准2.3　披露对客观性的损害

要求

如果客观性受到事实上或表面上的损害，必须立即向相关方披露损害的详细情况。

如果内部审计人员意识到可能存在影响其客观性的损害，他们必须向首席审计执行官或指定的项目负责人披露损害情况。如果首席审计执行官确定损害影响着内部审计人员客观履行职责的能力，则首席审计执行官必须与审计对象的管理层、董事会和/或高级管理层讨论损害情况，并确定采取适当措施来解决这种情况。

如果在项目完成后发现影响审计发现、建议和/或结论的可靠性，或可能存在对可靠性的损害，首席审计执行官必须与审计对象的管理层、董事会、高级管理层和/或其他受影响的利益相关方讨论这一问题，并确定适当的应对措施。（参见**标准 11.4 错误与遗漏**。）

如果首席审计执行官的客观性在事实上或表面上受到损害，首席审计执行官必须向董事会披露损害情况。（参见**标准7.1 组织上的独立性**。）

执行标准的考虑因素

在内部审计职能的规定中通常要明确披露客观性损害的要求，说明针对客观性损害而采取的措施。披露和减轻客观性损害的常用方法通常由首席审计执行官与董事会和高级管理层协商确定。

如果对客观性的损害无法避免，首席审计执行官可考虑处理损害的备选方案，包括：

- 重新分配内部审计人员，将客观性受损的内部审计人员从项目中调离。
- 重新安排项目的时间，以确保配备适当的人员。
- 调整项目范围。

• 将业务的实施或监督外包。

如果在项目计划过程中出现的问题仅与对客观性受损的看法有关，首席审计执行官可选择与审计对象的管理层和/或高级管理层讨论该问题，解释风险很小的原因以及将如何管理风险，并记录讨论情况和关于如何开展工作的最终决定。

标准 7.1 组织上的独立性提出了与首席审计执行官在内部审计之外承担的角色或职责相关的其他要求和信息。

证明遵循性的示例

• 披露客观性受损的内部审计方法。

• 披露存在或确认不存在客观性受损的文件。

• 披露客观性受损的记录，以及有关各方对减轻损害的回应和/或批准的记录。

原则3　展现胜任能力

> 内部审计人员运用知识、技能和能力成功履行其职责。

展现胜任能力需要构建和应用提供内部审计服务所需的知识、技能和能力。内部审计人员提供的服务多种多样，因此每个内部审计人员所需的胜任能力各不相同。除了拥有或获得提供服务所需的能力外，内部审计人员还要通过追求职业发展提高服务的效果和质量。

标准3.1　胜任能力

要求

内部审计人员必须具备或获得成功履行职责所需的胜任能力。所需的胜任能力包括与工作岗位相适应的知识、技能和能力，以及与其经验水平相适应的职责。内部审计人员必须了解或掌握IIA**《全球内部审计准则》**。

内部审计人员必须只从事他们具备或能够获得必要能力的服务。

每个内部审计人员都有责任不断提高和运用履行其专业职责所需的能力。此外，首席审计执行官必须确保内部审计职能整体上具备内部审计章程中要求开展内部审计服务的能力，或者必须获得必要的胜任能力。（参见**标准 7.2 首席审计执行官的资格**和**标准 10.2 人力资源管理**。）

执行标准的考虑因素

内部审计人员应培养以下方面的胜任能力：

- 沟通和协作。
- 治理、风险管理和控制过程。
- 财务管理和信息技术等业务活动。
- 舞弊等普遍存在的风险。
- 数据采集、分析和评估的工具和技术。
- 各种经济、环境、法律、政治和社会状况的风险和潜在影响。
- 与组织、部门和行业相关的法律、法规和惯例。
- 与组织和内部审计相关的趋势和新问题。
- 监督和领导。

培养和展示胜任能力，内部审计人员可：

- 获得适当的专业资格，如**国际注册内部审计师**®资格，以及其他资格或证书。
- 根据利益相关方、同行和相关管理人员的反馈，确定需要改进的机会和需要培养的能力。
- 寻求有关内部审计方法以及组织业务活动方面的培训。培训方式可以包括参加课程、与导师合作，或项目期间在督导下分配新任务。

尽管内部审计人员有责任保证其个人的职业发展，并可能评估其自身的技能和发展机会，但首席审计执行官应支持内部审计人员的职业发展。首席审计执行官可以设定对职业发展的最低期望，并应鼓励内部审计人员获取职业资格。首席审计执行官应将培训和职业发展资金纳入内部审计预算，并提供内部和外部的有关持续职业教育、培训和会议等的机会。（参见**标准 10.1 财务资源管理**和**标准 10.2 人力资源管理**。）

为确保内部审计职能整体上具备开展内部审计服务所需的胜任能力，首席审计执行官应：

- 在分配工作、确定培训需求和招聘内部审计人员填补空缺职位时，保持对内部审计人员所需胜任能力的了解。
- 参与内部审计人员的绩效考核。
- 确定应在哪些方面提升内部审计职能的胜任能力。
- 鼓励内部审计人员的求知欲，并提供培训和其他机会，以提高内部审计绩效。
- 了解其他确认和咨询服务提供方的能力，并考虑依靠这些提供方来提供内部审计职能所不具备的额外或专业能力。
- 当内部审计职能整体上不具备提供所需服务的能力时，考虑与独立的外部服务提供方签订合同。
- 实施有效的质量保证和改进程序。

证明遵循性的示例

- 列示内部审计人员证书、教育、经验、工作经历和其他资质的证明文件。
- 内部审计人员对其胜任能力的自我评估和职业发展计划。
- 内部审计人员完成持续职业教育的证明，如课程、会议、专题讨论会以及研讨会。
- 对内部审计人员的绩效考核的记录。
- 对审计业务督导检查的书面记录，项目完成后来自内部审计利益相关方的调查反馈，以及反映内部审计人员和内部审计职能胜任能力的其他形式反馈。
- 内部和外部质量评估结果。
- 完成内部审计计划所需胜任能力的文件资料，对资源缺口的分析，以及确定填补缺口所需的培训和预算。
- 确认地图等文件，说明内部审计职能可以依赖的其他确认服务和咨询服务提供方的能力。

标准 3.2　持续职业发展

要求

内部审计人员必须保持并不断提高其胜任能力，以提升内部审计服务的有效性和质量。内部审计人员必须致力于持续职业发展，包括教育和培训。已获得内部审计专业证书的内部审计从业人员必须遵循持续职业教育的有关政策，并符合持有资格证书的相关要求。

执行标准的考虑因素

持续职业发展可包括自学、在职培训、利用特定任务学习新技能（如轮岗项目）、导师指导、督导意见以及免费和付费教育。为提高内部审计服务的质量，内部审计人员应寻找机会了解发展趋势和最佳实践，以及可能影响其所在组织和内部审计职业的新兴主题、风险、趋势和变化。

内部审计人员有责任提升自己的胜任能力，并寻求学习的机会。而首席审计执行官应对内部审计职能的胜任能力负责，并针对内部审计人员的培训和教育机会做出预算和计划。例如，内部审计人员在适当督导下，被指派参与其经验不足的流程或领域的相关项目，以增长新的知识。内部审计人员应该寻求和主动接受监督和指导的机会，通过这些机会得到有力的反馈、指导和见解。

许多专业证书要求在特定时期（如每年）接受持续职业教育的最低时数。首席审计执行官应考虑实施一项计划，要求内部审计人员接受一定类型和数量的持续职业教育。

持有证书（如**国际注册内部审计师**®资格）的内部审计人员应了解认证机构维护其证书政策的具体要求。如果未能满足这些要求，可能会产生一些后果，包括影响内部审计人员的证书使用权限。所有内部审计人员应制定持续培训和教育的计划及时间表。作为必要的持续职业教育的一部分，IIA还要求其持证人员完成职业道德培训。虽然这一要求主要是针对IIA的资格证书，但所有内部审计人员都应定期接受以职业道德为重点的持续职业教育或培训。

新闻服务订阅、网络研讨会和专业活动等为内部审计人员提供了了解内部审计专业领域和组织所在行业最新发展的机会。培训可以介绍新技术或内部审计实践的变化。

职业发展工作应包括定期审查和评估内部审计人员的职业路径和职业发展需求。首席审计执行官应确保培训计划和预算能够在为提高内部审计职能整体能力投入资源与为内部审计人员实现其职业发展目标提供机会之间达成平衡。

证明遵循性的示例

- 参加培训活动、专业会议和其他持续职业教育的书面计划。
- 内部审计人员完成持续职业教育的记录和获得的证书。
- 内部审计人员的绩效考核和/或职业发展计划。
- 积极参与IIA和其他相关专业组织活动的证据，如志愿服务。

原则4　履行应有的职业审慎

> 内部审计人员在计划和开展内部审计服务时应保持应有的职业审慎。

体现履行应有的职业审慎的标准要求：

- 遵循《全球内部审计准则》。
- 考虑准备开展内部审计业务的性质、背景和要求。
- 运用职业怀疑对信息进行批判性评估和判断。

应有的职业审慎要求以谨慎和称职的内部审计人员所具备的勤勉、判断力和职业怀疑态度，计划和开展内部审计服务。在履行应有的职业审慎时，内部审计人员为内部审计对象的最佳利益服务，但并不意味着其永不犯错。

标准4.1　遵循《全球内部审计准则》

要求

内部审计人员必须遵循《全球内部审计准则》计划和提供内部审

计服务。

内部审计职能必须遵循**《全球内部审计准则》**制定、记录和维护内部审计方法体系。内部审计人员在计划和提供内部审计服务以及沟通结果时，必须遵循**《全球内部审计准则》**和内部审计职能制定的审计方法体系。

如果同时使用**《全球内部审计准则》**与其他权威机构发布的要求，内部审计沟通在适当的情况下也必须援引其他要求的使用情况。

如果法律或法规禁止内部审计人员或内部审计职能遵循**《全球内部审计准则》**的任何部分规定，则仍然必须遵循**《全球内部审计准则》**的所有其他部分，并且必须进行适当的披露。

当内部审计人员无法遵循某项要求时，首席审计执行官必须记录和沟通具体情况、替代措施及其影响和理由。与披露未遵循**《全球内部审计准则》**相关的要求见**标准8.3 质量**、**标准12.1 内部评估**和**标准15.1 项目结果沟通**。

执行标准的考虑因素

首席审计执行官应研究**《全球内部审计准则》**的变化，并相应调整内部审计职能的方法体系。如果**《全球内部审计准则》**与其他权威机构发布的要求不一致，内部审计人员和内部审计职能可能会被要求或选择遵循更严格的要求。

首席审计执行官或指定的项目负责人应确保项目工作方案符合**《全球内部审计准则》**的要求，并确保内部审计业务遵循**《全球内部**

审计准则》的要求开展。

虽然应遵循各项要求，有时内部审计人员或内部审计职能可能无法遵循某项要求，但可以采取替代措施来实现相关原则的目的。这种情况通常与特定部门、行业和国家（地区）有关。通过记录具体情况、采取的替代措施、影响和理由，首席审计执行官为支持外部质量评估提供相关信息，从而使内部审计职能即使在无法遵循特定标准的情况下，仍然能够满足原则的要求。

如果在开展内部审计业务时无法遵循特定的标准，内部审计人员应与首席审计执行官或指定的项目负责人讨论不能遵循的原因以及对业务的影响。首席审计执行官或项目负责人应就与谁沟通、如何沟通提供指导。（参见**标准 15.1 项目结果沟通**。）

此外，法律、法规、内部审计方法体系和组织的政策可以规定何时以及如何披露未遵循的情况。

证明遵循性的示例

- 内部审计方法体系的文件资料和最近更新的说明。
- 如适用，在披露未遵循的情况下，项目结果沟通以及与董事会和高级管理层的沟通。
- 关于内部审计人员必须遵守的法律和/或法规的文件，且这些法律和/或法规妨碍了内部审计人员遵循《**全球内部审计准则**》。
- 除《**全球内部审计准则**》外，引用内部审计职能要遵守的权威性要求的文件。

- 质量保证和改进程序的结果。

标准 4.2　应有的职业审慎

要求

内部审计人员必须通过评估提供服务的性质、情况和要求，履行应有的职业审慎，评估的内容包括：

- 组织的战略和目标。
- 内部审计服务对象和其他利益相关方的利益。
- 治理、风险管理和控制过程的充分性和有效性。
- 与拟提供内部审计服务的潜在收益相关的成本。
- 实现业务目标所需的工作范围和时限要求。
- 审计对象风险的相对复杂性、严重性或重要性。
- 发生影响目标、运营或资源的重大错误、舞弊、不合规行为以及其他风险的可能性。
- 使用适当的技能、工具和技术。

执行标准的考虑因素

以应有的职业审慎提供服务，内部审计人员需要考虑并理解**内部审计的宗旨**和拟提供的内部审计服务的性质。内部审计人员应首先了解内部审计章程、内部审计计划，以及有助于确定计划中应包括哪些审计业务的相关情况。在计划和提供内部审计服务时，内部审计人员还要考虑组织的客户和其他受组织活动影响的利益相关方（包括公众）的利益。这些利益包括利益相关方的期望（如公平和诚实的商业行为）、需求（如安全）以及可能面临的潜在风险，而这些风险可能与组织的战略和目标并无明显关联。

应有的职业审慎的考虑因素包括首席审计执行官在开展作为内部审计计划基础的风险评估时必须考虑相关情况和风险，包括组织战略和目标，以及组织的治理、风险管理和控制过程的充分性和有效性。

此外，内部审计人员在制订项目计划时考虑与审计对象相关的情况，如**领域五：实施内部审计业务**中所述。所评估风险的复杂性、重要性或重大性是相对的。有的风险对组织可能并不严重或重要，但对单项业务或审计对象就可能是严重的或重要的。因此，为恰当评估风险，确定哪些风险应优先进行评估，就必须了解风险的复杂性、重要性或重大性。

应有的职业审慎还需要权衡内部审计服务的成本（如资源需求）与由此带来的益处。比如，如果审计对象的控制措施设计不充分，那么，全面评估这些控制措施的有效性所带来的益处会低于付出的成本。内部审计人员力求使组织在内部审计服务方面的投入产生最大的价值或效益。此外，制订详尽的计划则要求内部审计人员考虑最有效地实现项目目标所需的方法、工具、技术以及工作范围和时限要求。内部审计人员，特别是首席审计执行官，应考虑使用数据分析软件和其他技术来支持审核和评价过程。

适当的项目督导、质量保证和改进程序可促进应有的职业审慎。（参见**标准8.3 质量、标准8.4 外部评估**和**原则12 强化质量**及其标准。）

证明遵循性的示例

- 组织战略、目标和审计对象计划等制定情况的记录。
- 对治理、风险管理和控制过程的评估情况记录。
- 风险评估的记录，其中包括错误、不合规和舞弊。
- 有关内部审计服务的潜在成本和收益以及审计业务范围和时限要求的会议或讨论的记录。
- 记录业务督导检查的工作底稿。
- 对内部审计人员业务的检查情况。
- 有关应有的职业审慎的会议、培训或其他讨论的记录。
- 通过调查或其他工具收集的利益相关方反馈意见。
- 作为内部审计职能质量保证和改进程序，开展了内部和外部评估。

标准4.3　职业怀疑

要求

内部审计人员在计划和开展内部审计服务时必须保持职业怀疑态度。

保持职业怀疑态度，内部审计人员必须：

- 保持求知的态度。
- 批判性地评估信息的可靠性。
- 对不一致的信息提出疑虑并进行询问时，要直截了当、诚实。
- 寻找进一步的证据，对可能不完整、不一致、虚假或误导性的信息和陈述作出判断。

执行标准的考虑因素

职业怀疑态度使内部审计人员能够根据事实、信息和逻辑，而非信任或信念作出客观判断。职业怀疑是一种对主张、陈述和其他信息的有效性和真实性不断质疑和怀疑的态度。内部审计人员在寻求证据以支持或验证管理层的陈述时，要保持职业怀疑态度，而不是不加质疑地相信所提供的信息是真实的。职业怀疑需要有求知的态度和超越表象探索真相的意愿。

在收集和分析信息时，内部审计人员应坚持职业怀疑态度确定信息是否相关、可靠和充分。如果内部审计人员发现信息不完整、不一致、虚假或具有误导性，他们应进一步分析，以识别支持项目结果的正确和完整信息，并通过首席审计执行官或指定的项目负责人审核批准工作底稿和/或项目沟通开展进一步验证。

首席审计执行官应当帮助内部审计人员逐渐增强与职业怀疑态度相关的能力。研讨会和其他培训机会可以帮助内部审计人员培养和学习应用职业怀疑态度，理解避免偏见和保持开放、求知心态等的重要性。内部审计人员应学会如何识别不一致、不完整、虚假和/或误导性的信息。

证明遵循性的示例

- 计划并完成相关培训的记录，包括参加者名单。
- 确定内部审计人员评价和验证项目期间收集信息方法的工作底稿。
- 将虚假或误导性的信息作为项目发现问题的文档。
- 工作底稿和项目结果，由项目负责人审核并签字。

原则5 保 密

> 内部审计人员适当使用和保护信息。

内部审计人员可以不受限制地访问完成内部审计工作所需的数据、记录和其他信息，这些信息通常是保密的、专有的和/或个人身份的信息。（另见**原则6 获得董事会的授权**及其标准。）这包括实物和数字形式的信息，以及通过口头沟通（如正式或非正式的会议讨论）获得的信息。内部审计人员必须尊重获得信息的价值及所有权，只将其用于职业目的，并保护其免受未经授权的内部或外部的访问或披露。

标准5.1 信息的使用

要求

内部审计人员在使用信息时必须遵守相关政策、程序、法律和法规。信息不得用于牟取私利，也不得以违背或有损于组织合法和道德目标的方式使用。

执行标准的考虑因素

内部审计人员不受限制地获取信息，以便不受干扰地提供内部审计服务。然而，恰当地使用和处理信息是每个内部审计人员的责任。不当使用和处理保密、专有和/或个人身份信息可能会产生意想不到的后果，例如声誉受损和因违反法律法规而被罚款。

组织和内部审计职能的政策和程序一般会对内部审计人员在信息的整个生命周期（从信息的访问到收集、传输、存储和/或销毁）中处理和使用信息进行规范。此外，内部审计人员应该了解并遵守与他们可能访问的第三方信息相关的任何政策和程序。

首席审计执行官应与内部审计人员讨论恰当使用信息访问的政策、程序和期望。首席审计执行官可以要求内部审计人员通过签署承诺书或其他形式确认其理解。

在处理敏感和/或个人数据时，内部审计职能应采用适当的数字安全措施。有关示例包括自动控制，如密码和加密。

不当使用或滥用信息的示例包括使用、出售或披露组织财务、战略或运营方面的信息，作为购买、出售股票或开发竞争产品的决策依据。

证明遵循性的示例

- 对访问和使用信息进行有效的设计和操作控制。
- 恰当使用信息相关的政策、程序和培训记录。

- 讨论恰当使用信息的会议纪要。
- 参加信息使用培训的记录。
- 内部审计人员确认其了解相关政策、程序、法律和法规的证明材料。
- 证明遵守有关信息使用的政策、程序、法律和法规的绩效考核。

标准5.2 信息的保护

要求

内部审计人员必须意识到自己有责任保护信息，尊重在提供内部审计服务时或因职业关系所获取信息的保密性、隐私性和所有权。

内部审计人员必须理解并遵守适用于组织和内部审计职能的有关保密、信息隐私和信息安全方面的法律、法规、政策和程序。

与内部审计职能相关的具体考虑因素：

- 审计业务记录的保管、存储和处置。
- 向内部和外部各方公布审计业务记录。
- 处理、获取或复制不再需要的保密信息。

除非有法律或职业责任要求，否则内部审计人员不得向未经授权方披露保密信息。

内部审计人员必须管理无意暴露或公开信息的风险。

首席审计执行官必须确保内部审计职能和协助内部审计工作的人员遵守同样的信息保护要求。

执行标准的考虑因素

内部审计职能获取、使用和形成的信息受法律、法规以及组织和内部审计职能政策和程序的保护。法律、法规、政策和信息通常包括物理和数字安全，以及信息的访问、存储和处置。

首席审计执行官应当咨询法律顾问，以更好地了解法律法规和/或监管要求和保护措施（如法律特权或律师—客户特权）的影响。组织的政策和程序可能要求在对外发布商业信息之前必须经过特定部门的审查和批准。

监控信息访问可以验证是否遵循了相关规定要求。通过数据加密、密码保护、电子邮件分发、限制使用社交媒体以及限制物理访问等控制措施，以保护信息不被有意或无意地泄露。当内部审计人员不再需要访问这些数据时，应撤销数字访问授权，并根据规定的方式处理打印副本。

应予以保护不被泄露的保密信息示例包括个人薪酬和人事记录。

首席审计执行官应定期评估和确认内部审计人员访问信息的需求，以及访问控制是否有效。

证明遵循性的示例

- 遵守相关方法的证明文件。

- 有关实施限制信息访问和降低有关规避现行控制的风险管理机制的证明文件。
- 参加信息保护培训的记录。
- 内部审计人员确认其了解相关政策、程序、法律和法规的证明文件。
- 限制工作底稿和项目结果分发范围的记录。
- 授权披露和分发的文件。
- 法律要求或经总法律顾问（如适用）以及董事会和/或高级管理层等批准披露的文件记录。
- 签署的保密或不披露信息的协议。
- 证明遵守与信息保护和披露相关的政策和程序的业务检查。

领域三：

内部审计治理

适当的治理安排对促进内部审计职能有效开展工作至关重要。本领域要求首席审计执行官与董事会密切协作，建立内部审计职能，确保其独立地位，并监督其实施。本领域同时还说明了高级管理层在支持董事会履行监督职责和实现内部审计良好治理方面的作用。

尽管首席审计执行官对本领域提出的要求负有

遵循责任，但董事会和高级管理层的活动对内部审计职能践行**内部审计的宗旨**的能力也至关重要。这些活动在各项标准中被称为“基本条件”，为董事会、高级管理层和首席审计执行官之间进行有效沟通建立了必要的基础，最终帮助内部审计职能发挥其有效性。

与董事会和高级管理层的会面

首席审计执行官必须与董事会和高级管理层讨论本领域的有关内容。讨论的重点包括：

- **领域一：内部审计的宗旨**中阐述的内部审计宗旨。
- **领域三：内部审计治理**下每项标准中列出的基本条件。
- 如果董事会或高级管理层不能提供基本条件中描述的支持，对内部审计职能的有效性可能产生的影响。

通过上述讨论帮助董事会和高级管理层了解基本条件的重要性，确保他们能够充分理解各自的职责。

上述讨论的性质和频率取决于组织的环境和组织发生的变化。例如，如果发生以下情况，首席审计执行官应当与董事会和高级管理层就基本条件进行讨论：

- 《准则》发生了重大变化或建立了新的内部审计职能。
- 首席审计执行官是新任该职位或新加入该组织的成员。
- 董事会和首席审计执行官之间的关系发生了重大变化，例如作为首席审计执行官报告对象的董事会主席变更；或者董事会的结构或人员组成发生变化，影响了报告关系。

- 高级管理层的结构或人员组成发生重大变化，影响了首席审计执行官在组织中的地位。

董事会和高级管理层的意见对首席审计执行官都非常重要。尽管董事会可能对批准内部审计职责和权限、章程以及本领域中的其他要求负有最终责任，但是高级管理层通常也在向董事会和首席审计执行官提出意见方面发挥关键作用，高级管理层的观点很有价值，能够帮助支持内部审计职能明确在组织中的定位和职权。

对基本条件的分歧

如果董事会或高级管理层中的任意一方对一项或多项基本条件持有异议，首席审计执行官必须通过举例说明进行强调，一旦基本条件缺失，内部审计职能践行**内部审计的宗旨**和遵循相关标准的能力会受到何种影响。首席审计执行官还应当讨论采取基本条件的替代措施以达到同样的结果。

首席审计执行官可以与董事会和高级管理层达成一致，认同一项或多项基本条件并不是遵循《准则》的必要前提，但在这种情况下，首席审计执行官必须以书面形式记录以下内容：

- 认同有关条件不必要的理由。
- 为弥补有关条件的缺失，采取了何种替代措施以支持董事会和高级管理层的判断。

如果首席审计执行官不认同董事会和/或高级管理层提出的不执

行一项或多项基本条件的理由，首席审计执行官可得出内部审计职能无法遵循《准则》的结论。在这种情况下，首席审计执行官应当以书面形式记录董事会和/或高级管理层不执行基本条件的理由。该记录应提交给董事会和高级管理层，以确保各方清晰地理解各自立场，同时也便于以后提交给外部质量评估人员。

如果首席审计执行官一职因任何原因空缺，董事会应当指派一名或多名人员临时担任该职务。

董事会的定义

《全球内部审计准则》的词汇表将“董事会”定义为负责治理的最高层级机构，例如：

- 董事会。
- 审计委员会。
- 理事会或受托人委员会。

选举任职的官员或政治任命的官员组成的团体。

- 有权履行相关治理职责的其他机构。

如果组织内部设有一个以上的治理机构，“董事会”指的是有权确立内部审计职能适当权力、角色和责任的一个或多个机构。

如果上述所列机构均不存在，“董事会”应理解为组织内部履行最高治理职责的团体或人员，例如，组织的主要负责人和高级管理层等。

如果董事会的性质与词汇表中的定义不同，首席审计执行官应当书面记录作为内部审计职能报告对象的治理结构，以及该结构如何与董事会的定义一致。这可能包括存在多个董事会的组织（有时见于跨国组织或公共部门），或存在多层级结构的组织。

对本领域的应用

本领域的标准适用于提供内部审计服务的人员和职能。对于不同宗旨、规模、复杂程度的组织来说，内部审计服务可能由组织内部或外部的人员提供。无论提供内部审计服务的人员是组织的员工，还是与外部服务提供方签订合同的人员，或两种情况兼有，标准均适用。首席审计执行官的职责由董事会任命的一名或多名人员承担。无论首席审计执行官是组织聘用，还是通过外部服务提供方聘用，都要对遵循标准负责，并通过质量保证和改进程序证明遵循性。在所有情况下，董事会都负有支持和监督内部审计职能的责任。

原则6　获得董事会的授权

> 董事会确立、批准和支持内部审计职能的职责和权限。

内部审计职能的职责和权限由董事会授予（在某些公共部门环境下由法律赋予）。职责和权限确定了内部审计的权力、角色和责任，并表述在内部审计章程中。职责和权限使得内部审计职能能够为董事会和高级管理层提供客观的确认、建议、洞见和远见。内部审计职能通过应用系统的、规范的方法，评价并改善整个组织治理、风险管理和控制过程的有效性，履行其职责和权限。

标准6.1　内部审计职责和权限

要求

首席审计执行官必须为董事会提供确立内部审计职责和权限必需的信息。在某些国家（地区）或特定行业中，如果内部审计职能的职责和权限全部或部分由法律法规赋予，则内部审计章程中必须包含有关职责和权限的法律要求。（参见**标准6.2 内部审计章程**和“**《全球内部审计准则》在公共部门的应用**”。）

为了帮助董事会和高级管理层确定内部审计服务的范围和类型，首席审计执行官必须与其他内部和外部确认提供方进行协作，确保各方充分理解彼此的角色和责任。（参见**标准9.5 协调和信赖**。）

首席审计执行官必须在董事会批准的内部审计章程中记录或引用职责和权限。（参见**标准6.2 内部审计章程**。）

首席审计执行官必须定期评估环境的变化，以确定是否需要与董事会和高级管理层就内部审计职责和权限进行讨论。如果确认有必要，首席审计执行官必须与董事会和高级管理层讨论内部审计职责和权限，评价权力、角色和责任是否足以继续支持内部审计职能实现其战略和目标。

基础条件

董事会

- 与首席审计执行官和高级管理层讨论内部审计职能的适当权力、角色和责任。
- 批准内部审计章程，内容包括内部审计职责和权限、内部审计服务的范围和类型。

高级管理层

- 参加与董事会和首席审计执行官的讨论，在确立内部审计职责和权限时，就董事会对内部审计职能的期望提出意见。

- 在整个组织内部支持内部审计职责和权限的履行，推动内部审计职能行使被赋予的权力。

执行标准的考虑因素

首席审计执行官通过分享有关《准则》、相关法律和/或监管规定、内部审计职能最佳实务研究成果等的知识，帮助董事会和高级管理层了解有效内部审计职能的特征。

首席审计执行官应当与董事会和高级管理层讨论内部审计职责和权限以及内部审计章程中的其他关键要素，特别是帮助董事会和高级管理层理解以下内容：

- 权力：内部审计职能的权力源于与董事会之间的直接汇报关系。这样的权力使得内部审计职能可以不受限制地接触董事会和组织中的所有活动（包括记录、人员、实物资产等）。
- 角色：内部审计职能的主要角色是开展内部审计业务和提供内部审计服务。有时可能会出现首席审计执行官需要承担超越内部审计的其他职责（如风险管理等）的情况。这些非审计职责将在**标准 7.1 组织上的独立性**中讨论。
- 责任：内部审计职能的责任是指在发挥其作用的过程中需要承担的责任和履行的义务，以及关键利益相关方的具体期望。例如，责任一般包括对审计服务，沟通，遵守法律、法规和政策，遵循《全球内部审计准则》，以及完成其他履职时被委派任务等情况的期望。

- 范围：内部审计服务范围的广度覆盖整个组织，可以包括组织的所有活动、资产和人员，也可以具体到根据地理位置或其他标准确定的某个范围。范围可以明确内部审计服务的性质（如只提供确认服务，既提供确认服务也提供咨询服务，关注财务报表、遵守法律和/或法规的合规情况等），也可以说明对内部审计服务覆盖范围的其他限制。
- 内部审计服务：内部审计服务可以宽泛地定义为确认和咨询服务，也可以更加具体地定义为如绩效审计、对关于财务报告内部控制的确认、开展调查等。

在某些特定情况下，需要与董事会和高级管理层就内部审计职责和权限或内部审计章程的其他方面开展进一步讨论。这些情况包括并不仅限于：

- **《全球内部审计准则》**发生重大变化。
- 组织的重大收购或重组。
- 董事会和/或高级管理层发生重大变化。
- 组织的战略、目标、风险情况或运营环境发生重大变化。
- 可能影响内部审计服务的性质和/或范围的新的法律或监管要求。

上述情况可能发生在一年中的任何时间。但首席审计执行官应当至少每年一次正式考虑上述变化。

首席审计执行官与组织内部的确认提供方进行协作，帮助董事会了解其他职能如何支持内部审计职责和权限。通过帮助董事会理解其他内部和外部确认提供方的角色和职责，首席审计执行官可以为适当的内部审计职责和权限提供清晰的支持信息。（参见**标准9.5 协调和信赖**。）

证明遵循性的示例

- 讨论和批准内部审计职责和权限的董事会会议纪要（该职责和权限可以是报董事会审批的内部审计章程所包含的内容）。
- 讨论和批准对职责和权限进行修改的董事会会议纪要。

标准6.2 内部审计章程

要求

首席审计执行官必须制定和维护内部审计章程，其中至少应当包含以下有关内部审计职能的内容：

- 内部审计的宗旨。
- 承诺遵循**《全球内部审计准则》**。
- 职责和权限（包括提供服务的范围和类型）以及董事会的责任及其对管理层支持内部审计职能的期望。（参见**标准6.1 内部审计职责和权限**。）
- 组织地位和报告关系。（参见**标准7.1 组织上的独立性**。）

首席审计执行官必须就章程草案与董事会和高级管理层进行讨

论，确认章程准确地反映了他们对内部审计职能的理解和期望。

基本条件

董事会

- 与首席审计执行官和高级管理层讨论内部审计章程应当包含的其他内容，以支持内部审计职能的有效性。
- 批准内部审计章程。
- 与首席审计执行官共同审核章程，考虑可能会影响组织的变化，例如，新聘首席审计执行官，或组织面对风险的类型、严重程度和关联关系等变化。

高级管理层

- 与董事会和首席审计执行官沟通管理层的期望，并考虑将其纳入内部审计章程。

执行标准的考虑因素

对内部审计章程的关键要求包含在**标准6.1 内部审计职责和权限**和**标准7.1 组织上的独立性**中。

内部审计章程应当说明行政上的报告责任，例如以下内容：

- 批准内部审计职能的人力资源管理和预算。
- 批准首席审计执行官的费用。
- 评价首席审计执行官的绩效。

如果法律或监管规定对报告关系进行了规定，章程中应当援引这些法律文件。如果法律和/或监管规定全面覆盖了章程中的所有要求，则可以代替章程。

不同组织中内部审计章程的形式可能会不同。尽管存在内部审计章程的模板，但首席审计执行官应当根据组织中可能影响内部审计职责和权限、范围和内部审计服务的特点，制定内部审计章程。

首席审计执行官通常会在董事会会议期间提交内部审计章程的最终草案以供讨论和审批。

首席审计执行官和董事会还应当共同确定检查和确认章程条款能否继续支持内部审计职能实现其目标的频率。领先的做法是定期审核章程，在出现有关内部审计职责和权限的问题时援引章程，并根据需要进行更新。

内部审计章程需要考虑的其他内容包括：

- 客观性和独立性的保障措施，包括应对潜在损害的程序、重新评估这些保障措施以确保其实现预期结果的频率等。（参见**标准7.1 组织上的独立性**。）
- 不受限制接触，包括内部审计职能接触履行职责和权限所需的数据、记录、信息、人员和实物资产的方式。
- 沟通，包括向董事会和高级管理层报告的特性和时间安排。
- 审计程序，包括与审计对象的管理层（在项目前、中、后）如何沟通以及如何处理与管理层的分歧。
- 质量保证和改进，包括计划和实施内部审计职能的内部和外部评估以及沟通评估结果的期望。（参见**标准8.3 质量**和**标准8.4 外部质量评估**，以及**原则12 强化质量**及其标准。）

• 审批，包括需由董事会和高级管理层审批的事项。

证明遵循性的示例

• 讨论和批准内部审计章程的董事会会议纪要。
• 经批准的章程及批准日期。
• 董事会会议纪要，其中包括首席审计执行官定期与董事会和高级管理层审阅内部审计章程的证据。

标准6.3 董事会和高级管理层的支持

要求

首席审计执行官必须为董事会和高级管理层提供必要的信息，确保和促进整个组织对内部审计职能的认可。

首席审计执行官必须将内部审计职能与董事会的沟通情况告知高级管理层，以支持董事会的要求得到实现。

基本条件

董事会

• 支持内部审计职能，帮助其践行**内部审计的宗旨**，并实现其战略和目标。

- 与高级管理层共同确保内部审计职能履行其职责和权限时能够不受限制地接触所需的数据、记录、信息、人员和实物资产。
- 通过定期、直接的沟通为首席审计执行官提供支持。
- 通过以下方式表达支持：
  - 明确首席审计执行官向组织内的某个层级报告，以使内部审计职能能够履行其职责和权限。
  - 批准内部审计章程、内部审计计划、预算和资源计划。
  - 向高级管理层和首席审计执行官进行适当的了解，确定是否存在对内部审计职能的工作范围、接触权限、权力和资源等的限制制约了内部审计职能有效履职。
  - 在没有高级管理层参加的情况下，定期与首席审计执行官举行会议。

高级管理层

- 支持整个组织对内部审计职能的认可。
- 与董事会、组织内的其他管理层共同确保内部审计职能履行其职责和权限时能够不受限制地接触所需的数据、记录、信息、人员和实物资产。

执行标准的考虑因素

董事会应当在管理层不参加的情况下每年至少召开一次与首席审计执行官的会议。每季度至少召开一次此类会议是治理方面的领先实务。此类会议一般采取不公开或者闭门会议的方式举行，往往安排在董事会定期会议之后。

在两次正式会议之间，首席审计执行官也应当以其他方式与董事会进行沟通，帮助董事会了解内部审计职能的进展情况。首席审计执行官向董事会汇报信息的种类和具体程度应由双方事先商定。

标准 7.1 组织上的独立性中提到，首席审计执行官在行政上向组织中能够支持内部审计职能行使内部审计职责和权限的管理层的人员报告。首席审计执行官向首席执行官或履行同等职责的人员报告是领先实务。

尽管首席审计执行官与董事会单独会谈非常重要，但首席审计执行官应当将会谈内容告知高级管理层，除非上述内容不适宜进行通报（例如，单独会谈涉及高级管理层成员的不当行为）。

首席审计执行官应当与高级管理层协作，理解彼此向董事会的报告要求，以实现及时、清晰和透明的报告，避免重复和冲突。这有助于帮助董事会履行其监督职责，并在首席审计执行官和高级管理层之间形成工作的协同关系。

由董事会负责批准内部审计的预算和资源计划非常重要，这表明内部审计具备完成计划所需的资源。向董事会报告的具体细节取决于首席审计执行官的判断。

证明遵循性的示例

- 对内部审计章程、内部审计计划、内部审计预算和资源计划进行审核和批准的董事会会议纪要。

- 董事会和高级管理层之间的会议纪要或者记录了双方进行沟通的文件，其中讨论了内部审计职能可以不受限制地接触信息、人员等。
- 得到各方共同认可的矩阵或类似的文件，说明首席审计执行官应当向董事会和高级管理层报告哪些信息以及预期的频率。

原则7　独立地位

> 董事会确立和保护内部审计职能的独立性和资格。

董事会负责支持内部审计职能的独立性。独立性指内部审计职能履行内部审计职责时免受任何损害其公正履职能力的情形影响。只有在首席审计执行官具有适当的资格，直接向董事会报告，且其在组织中的职级能够确保内部审计职能不受干扰地开展工作和履行职责的情况下，内部审计职能才能充分践行**内部审计的宗旨**。

标准7.1　组织上的独立性

要求

首席审计执行官必须每年至少向董事会确认一次内部审计职能在组织上的独立性。这样的确认包括报告可能损害独立性的事件以及针对损害采取的保障措施。

首席审计执行官必须在内部审计章程中记录董事会批准的内部审

计职能的报告关系和组织地位。（参见**标准6.2 内部审计章程**。）

如果要求首席审计执行官当前或未来承担的职责事实上或表面上会损害内部审计职能的独立性，首席审计执行官必须与董事会和高级管理层进行讨论。首席审计执行官必须告知董事会和高级管理层可采用何种保障措施管理现实存在、潜在和被视为存在的损害。

当首席审计执行官长期承担一项或多项内部审计以外的职责时，必须将这些责任及其工作性质，以及建立的保障措施记录在内部审计章程中。如果这些领域需要内部审计，则应当采用替代方法为上述领域提供确认，例如聘请客观、胜任的外部确认服务提供方，由其独立向董事会进行报告。

如果首席审计执行官承担的非审计职责是临时的，在其承担上述职责期间及之后的12个月，必须由独立第三方对相关领域提供确认。同时，首席审计执行官必须制订向管理层移交上述职责的计划。

如果治理结构无法支持组织上的独立性，首席审计执行官必须以书面方式记录治理结构中限制独立性的特征，以及可以采取哪些保障措施来满足本原则的要求。

基本条件

董事会

- 确立与首席审计执行官和内部审计职能的直接报告关系，帮助内部审计职能履行其职责和权限。
- 批准任命和解聘首席审计执行官。

- 向高级管理层提出意见，以支持对首席审计执行官的绩效评价和薪酬确定。
- 为首席审计执行官提供与董事会讨论重大和敏感事项的机会，包括高级管理层不参加的会议。
- 要求首席审计执行官在组织中的地位能够使内部审计服务开展和职责履行不受管理层的干扰。这样的地位使内部审计具有足够的权威，可以直接向高级管理层汇报，并在必要的情况下直接上报董事会。
- 在批准首席审计执行官承担内部审计以外的职责时，充分了解实际上或可能会对内部审计职能独立性造成的损害。
- 在首席审计执行官承担的职责事实上或表面上会损害内部审计职能独立性的情况下，与高级管理层和首席审计执行官沟通，建立适当的保障措施。
- 与高级管理层沟通，确保内部审计职能在确定其工作范围、实施内部审计业务和沟通结果时免受干扰。

高级管理层

- 确保内部审计职能在组织内的层级能够按照董事会的要求不受干扰地实施业务和履行职责。
- 认可首席审计执行官与董事会之间的直接报告关系。
- 在首席审计执行官承担的职责实际上或可能会损害内部审计职能独立性的情况下，与董事会和首席审计执行官沟通，并支持执行适当的保障措施，以管理此类损害。
- 就任命和解聘首席审计执行官事项向董事会提出意见。

- 征求董事会对于首席审计执行官绩效评价和薪酬确定的意见。

执行标准的考虑因素

相对于直接对接受确认和咨询服务的管理层负责，内部审计直接对董事会负责（也称“职能上向董事会报告”）是最有效的。首席审计执行官和董事会之间的直接报告关系使得董事会有能力确保内部审计职能能够在不受干扰或不当限制的情况下提供内部审计服务和报告项目结果。干扰的示例包括管理层不及时提供信息、限制获取信息或接触人员和实物资产等。限制预算或资源，导致内部审计职能无法有效开展工作，也应被视为不当限制。（参见**标准11.3 沟通结果**。）

在首席审计执行官职能上向董事会报告的同时，行政上的报告对象一般是管理层的成员。这样可以帮助首席审计执行官接触高级管理层，并具备质疑管理层观点的权威。为了获得这样的权威，首席审计执行官在行政上向首席执行官或履行同等职责的人员报告被认为是领先实务；如果建立了适当的保障措施，向其他高级管理人员报告也可实现这一目标。子公司、分支机构和区域的内部审计负责人也应当有权向其分管相关领域的高级管理层直接报告。

在评估独立性是否遭到损害时，首席审计执行官应当考虑报告关系、角色和职责，从而确认是否存在实际的、潜在的或被视为存在的损害。此外，首席审计执行官还可以通过与相关方进行讨论，解决该方认为独立性受损，但实际并未影响内部审计职能公正履职能力的情形。

可能会对独立性造成损害的情形包括：

- 首席审计执行官缺少与董事会的直接沟通和互动。
- 管理层试图限制内部审计服务的范围，尽管上述工作范围已经得到了董事会的批准，并在内部审计章程中进行了记录。
- 管理层试图限制获取内部审计服务所需的数据、记录和信息，限制接触所需的人员和实物资产。
- 管理层向内部审计人员施压，要求隐瞒或修改内部审计发现。
- 内部审计职能的预算被削减到不能履行内部审计章程规定的职责的程度。
- 内部审计职能对某个职能领域实施了确认项目，或对该领域的确认项目在首席审计执行官的督导下实施，但首席审计执行官同时负责该职能领域，或者能够以其他方式对该领域施加重大影响。
- 内部审计职能针对某项活动实施确认项目，或首席审计执行官负责督导该确认项目的实施，但该项活动由作为首席审计执行官行政上报告对象的某高级管理层成员（非CEO）负责。例如，首席审计执行官向首席财务官报告，首席财务官同时分管资金管理部门，但首席审计执行官需要对该部门进行审计。

除了管理内部审计职能外，首席审计执行官有时还被要求承担非审计职责，这就有可能对内部审计职能的独立性造成或看似造成损害。非审计职责的具体示例包括：

- 新的监管规定出台，要求立即推出相关的政策、程序、控制和风险管理活动以确保对规定的遵循。

- 首席审计执行官具备最适当的专业知识，对现有风险管理活动进行调整，以适应新业务板块或新市场的要求。
- 组织的资源有限，或者规模很小，无法设立独立的合规职能。

在与董事会和高级管理层讨论非审计职责时，首席审计执行官应当根据上述职责是否需要长期承担和是否计划移交给管理层，来确定适当的保障措施。

如果董事会认为确实造成了损害，首席审计执行官应当向董事会和高级管理层提出建议，说明可采用何种保障措施来管理风险。同样重要的是，要确定将临时承担的非审计职责移交给管理层的时间表。

如果首席审计执行官曾经负责过某个业务领域，一般要求在移交职责后的12个月内由独立第三方对该领域的确认活动进行监督。但具体情况仍然需要基于职业判断，因为可能存在12个月以后对独立性的损害（或被认为造成了损害）仍然存在的情形。首席审计执行官应与董事会和高级管理层讨论12个月的期限是否适当。

为了确定应当向哪些相关方披露独立性受到了损害，首席审计执行官应当充分考虑损害的性质、损害对内部审计结果可靠性的影响以及有关利益相关方的期待。如果损害情况在项目完成后才被发现，且实际上或被视为对项目发现、建议和/或结论的可靠性造成了影响，首席审计执行官应当与负责审计对象的管理层、董事会、高级管理层和/或其他受影响的利益相关方进行讨论，确定解决问题的适当措施。（参见**标准2.3 披露对客观性的损害**和**标准11.4 错误与遗漏**。）

在首席审计执行官被聘用前，董事会应当参与聘用和任命程序。例如，董事会可以讨论管理内部审计职能和履行组织期待的职责所需的资格和胜任能力。此外，董事会应当在确定人选前，审阅候选人的简历和参与面试。

证明遵循性的示例

- 内部审计章程中记录了内部审计职能的报告关系。
- 首席审计执行官直接与董事会和高级管理层进行沟通的会议纪要或其他证据，包括讨论对独立性的潜在损害和拟采取的保障措施。
- 董事会会议纪要，显示了首席审计执行官向董事会确认内部审计职能的持续独立性，或者讨论了对内部审计职能履行其职责和权限造成的损害以及管理损害的保障措施。
- 内部审计章程，其中记录了董事会批准首席审计执行官长期承担非审计职责以及对应的保障措施，包括预计承担有关职责的期限、职责的具体内容、采取的保障措施以及定期评价保障措施有效性的方式。
- 记录了怀疑或发现损害时的应对方法的文件。
- 正式的行动计划，其中列出了应对独立性受损的具体保障措施。
- 为保障独立性，由其他内部或外部服务提供方提供确认服务的书面记录。

• 证明董事会批准任命或解聘首席审计执行官的会议纪要或其他文件。

标准7.2　首席审计执行官的资格

要求

首席审计执行官必须帮助董事会了解作为首席审计执行官管理内部审计职能应具备的资格和胜任能力。要做到这一点，首席审计执行官必须为董事会提供有关常见和主要的资格及胜任能力的信息与示例。

首席审计执行官必须保持和强化根据董事会期望履行职责所需的资格和胜任能力。（参见**原则3 展现胜任能力**及相关标准。）

基本条件

董事会

• 对照**领域四：内部审计管理**，检查首席审计执行官管理内部审计职能应当满足的要求。

• 批准首席审计执行官的职责，并确认履行职责需要的资格、经验和胜任能力。

• 与高级管理层沟通，任命具备适当资格和胜任能力的首席审计执行官，使其能够有效管理内部审计职能和确保提供高质量内部审计服务。

高级管理层

- 与董事会沟通，确定首席审计执行官的资格、经验和胜任能力。
- 通过组织的人力资源程序，确保首席审计执行官的聘任、发展和薪酬安排。

执行标准的考虑因素

董事会与高级管理层协作，确定组织期望首席审计执行官具备的胜任能力和资格。根据内部审计职责和权限、组织的复杂程度和具体需求、组织的风险状况、行业和所处的国家（地区）等不同方面，所要求的胜任能力可能存在差异。所需的胜任能力和资格一般会被记录在岗位说明书中，通常包括：

- 对《**全球内部审计准则**》和先进内部审计实务的全面理解。
- 通过招聘和培训内部审计人员，帮助他们培养相关胜任能力，具备建立和管理有效的内部审计职能的经验。
- **国际注册内部审计师**®资格或其他相关的职业教育、资格和证明。
- 具有领导经验。
- 行业或部门的从业经历。

尽管以上所列内容包含了最佳情况下的胜任能力和资格，但首席审计执行官可以由具备其他领导能力或相关专业领域能力的人员担任，所列内容中的胜任能力可由内部审计职能的其他成员进行补足，特别是当首席审计执行官来自其他岗位、行业、部门时更是如此。在这种情况下，首席审计执行官应当与具有有关知识的从业人员协同开展工作，以获得相关的经验。

董事会可审阅并批准首席审计执行官的岗位说明书，以确保岗位说明书能够体现所要求的资格和胜任能力。

董事会应当鼓励首席审计执行官参加后续职业教育，成为专业协会的会员，获取职业资格，并充分利用其他职业发展机会。（参见**原则3 展现胜任能力**及相关标准。）

考虑到首席审计执行官这一角色的重要性，应当为其建立继任计划，发现可接任首席审计执行官的内部和外部人选。该计划应当与组织的整体继任计划程序保持一致，并上报董事会和高级管理层。

证明遵循性的示例

- 董事会批准首席审计执行官岗位说明书和/或任命文件，或董事会评价首席审计执行官履职所需资格和胜任能力的其他证据。
- 首席审计执行官的职业教育计划和完成计划的证明。
- 加入专业协会的证明。
- 记录与董事会、高级管理层和/或组织的人力资源职能讨论继任计划的文件。

原则8　接受董事会监督

董事会对内部审计职能进行监督，确保其有效性。

董事会的监督对实现内部审计职能的整体有效性至关重要。只有通过董事会和首席审计执行官之间密切的相互沟通，且董事会支持内部审计职能获得履行内部审计职责和权限所需的足够资源，才能满足这一原则的要求。此外，董事会通过质量评估和改进程序，包括直接审阅外部质量评估的结果，获得有关首席审计执行官和内部审计职能的工作质量的确认。

标准8.1　与董事会的沟通

要求

首席审计执行官必须为董事会提供履行监督职责所需的信息。这些信息可能是董事会特别要求提供的，也可能是首席审计执行官认为对董事会履行监督职责有价值的信息。

首席审计执行官必须向董事会和高级管理层报告以下信息：

- 内部审计计划、预算和后续对计划与预算进行的重大调整。（参见**标准6.3 董事会和高级管理层的支持**和**标准9.4 内部审计计划**。）
- 可能会影响职责和权限或者章程的变化。（参见**标准6.1 内部审计职责和权限**和**标准6.2 内部审计章程**。）
- 对独立性的潜在损害。（参见**标准7.1 组织上的独立性**。）
- 内部审计服务的结果，包括结论、专项成果、确认、建议、洞见和监控结果等。（参见**标准11.3 沟通结果**、**标准14.5 审计结论**和**标准15.2 确认建议或行动计划的执行情况**。）
- 质量保证和改进程序的结果。（参见**标准8.3 质量**、**标准8.4 外部评估**、**标准12.1 内部评估**和**标准12.2 绩效评价**。）

在项目范围、审计发现或其他可能影响内部审计职能履职能力方面，有时可能会出现首席审计执行官不同意高级管理层或其他利益相关方意见的情况。在这种情况下，首席审计执行官应当将有关事实和背景提交董事会，以便董事会在履行监督职责时考虑是否需要对高级管理层或其他利益相关方进行干预。

基本条件

董事会

- 与首席审计执行官沟通，了解内部审计职能如何履行其职责和权限。

- 将组织战略、目标和风险的观点告知首席审计执行官，以帮助其确定审计重点。
- 告知首席审计执行官在以下方面的期望：
  - ◦希望与首席审计执行官进行沟通的频率。
  - ◦确定应当上报董事会的重大事项标准，例如超出董事会风险容忍度的重大风险等。
  - ◦将重大事项上报董事会的程序。
- 根据内部审计项目结果，以及与高级管理层的讨论，了解组织治理、风险管理和控制过程的有效性。
- 讨论首席审计执行官与高级管理层或其他利益相关方之间存在的分歧，为首席审计执行官履行内部审计职责和权限所规定的责任提供支持。

高级管理层

- 将组织战略、目标和风险的观点告知首席审计执行官，以帮助其确定审计重点。
- 帮助董事会了解组织治理、风险管理和控制过程的有效性。
- 与董事会和首席审计执行官共同确定将重大事项上报董事会的程序。

执行标准的考虑因素

为董事会提供履行监督职责所需的信息需要双向沟通。首席审计执行官可以使用各种方式，例如书面和口头报告、演示文稿、正式会议、非正式讨论等。首席审计执行官可以在内部审计方法中将董事会的要求正式记录下来。首席审计执行官应当定期与董事会确认董事会期望的沟通频率、性质和内容，帮助董事会履行其监督职责。

董事会和首席审计执行官之间沟通的频率应考虑及时沟通重大事项的需求。董事会希望了解和监督财务方面的风险管理情况，同时也希望了解和监督非财务方面的治理和风险管理问题，包括战略举措、网络安全、健康和安全、可持续发展、业务复原力、声誉等。首席审计执行官应当了解董事会对上述两方面的观点和期望。

为确定首席审计执行官越过高级管理层将哪些事项上报董事会，可建立标准，以说明超出风险容忍度的重大程度或严重程度。标准应当与首席审计执行官越过管理层将事项上报董事会所遵循的程序相衔接。通常，首席审计执行官在与高级管理层存在分歧的时候，应当与高级管理层就分歧进行讨论，确保提交给董事会的信息是准确的，并且能够反映管理层的意见。

一般情况下，正式的董事会会议可以提供至少每季度一次的沟通机会。此外，首席审计执行官和董事会成员根据需要经常会在闭会期间进行沟通，有时也可采取非正式会议的方式。

证明遵循性的示例

- 记录了与首席审计执行官讨论的性质、内容和频率的董事会会议议程和纪要。

- 首席审计执行官向董事会汇报的演示文稿。
- 向董事会成员报送的内部审计信息。
- 确认应向董事会汇报事项的标准，以及上报有关事项的程序。

标准8.2 资源

要求

首席审计执行官必须评价内部审计资源是否足以行使内部审计职责和权限，是否足以完成内部审计计划。如果资源不足，首席审计执行官必须为获取充足资源制定战略，并将资源不足造成的影响和如何弥补不足报告董事会。

基本条件

董事会

- 与高级管理层共同为内部审计职能提供行使内部审计职责和权限以及完成内部审计计划所需的资源。
- 至少每年一次与首席审计执行官讨论资源（在数量和能力两方面）是否足以行使内部审计职责和权限以及完成内部审计计划。
- 考虑资源不足对内部审计职责和权限以及计划的影响。
- 如果确定资源不足，与高级管理层和首席审计执行官共同制定补救措施。

高级管理层

- 与董事会共同为内部审计职能提供行使内部审计职责和权限以及完成内部审计计划所需的资源。
- 如果确定资源不足，与董事会和首席审计执行官共同制定补救措施。

执行标准的考虑因素

为了评价资源是否足以履行内部审计职责和权限以及完成内部审计计划，首席审计执行官可以对内部审计职能现有资源和提供内部审计服务所需资源进行差距分析。（参见**原则10 管理资源**及其标准。）首席审计执行官制定的战略应当包括获取资源的计划（其中可包括预算申请），并应当充分考虑内部审计职能的人员配置和利用技术开展工作的各种选择。该计划还可包括提交董事会的对各种选择的成本效益分析。

虽然董事会和首席审计执行官通常至少每年一次在提交内部审计计划时讨论资源情况，但每季度讨论一次是一种领先实务。讨论应包括实现预期的内部审计覆盖范围的可选择方式，包括外包、聘请特邀审计员，以及利用技术提升内部审计职能的效率和效果等。

证明遵循性的示例

- 首席审计执行官与董事会和/或高级管理层之间的会议议程、

会议纪要和报告，记录有关内部审计资源充足性的讨论情况。
- 内部审计资源计划，反映为完成内部审计计划所需资源是充足的。
- 与内部审计资源有关的预算申请。
- 内部审计计划与可用资源之间的差距分析的记录。
- 成本效益分析的记录。
- 首席审计执行官资源获取战略的记录。

标准8.3　质量

要求

首席审计执行官必须制定、实施和维护覆盖内部审计职能所有方面的质量保证与改进程序。该程序包括两类评估：

- 外部评估。（参见**标准8.4 外部评估**。）
- 内部评估。（参见**标准12.1 内部评估**。）

首席审计执行官必须至少每年一次向董事会和高级管理层报告内部质量评估的结果。外部质量评估完成后必须报告评估结果。无论是内部还是外部评估，报告中须包括：

- 内部审计职能遵循《准则》和完成绩效目标的情况。
- 如适用，内部审计遵守相关法律和/或法规的情况。
- 如适用，针对内部审计职能存在的缺陷和改进机会提出的建议。

基本条件

董事会

- 根据**领域五：实施内部审计业务**的内容，与首席审计执行官就质量保证和改进程序进行讨论。
- 至少每年一次批准内部审计职能的绩效目标。（参见**标准 12.2 绩效评价**。）
- 评估内部审计职能的有效性和效率，具体包括：
  - 检查内部审计职能的绩效目标，包括对《准则》、法律法规的遵循情况，履行内部审计职责和权限的能力，完成内部审计计划的情况等。
  - 考虑内部审计职能的质量保证和改进程序的结果。
  - 确定内部审计职能的绩效目标的完成程度。

高级管理层

- 对内部审计职能的绩效目标提出意见。
- 参与董事会对首席审计执行官和内部审计职能的年度评估。

执行标准的考虑因素

首席审计执行官就内部审计职能的质量保证和改进程序向董事会和高级管理层提供以下信息：

- 在首席审计执行官指导或协助下开展的内部和外部质量评估的范围、频率和结果。

- 针对不足和改进机会的行动计划。应与董事会就行动形成一致意见。
- 形成一致意见的行动计划的完成进度。

对内部审计职能的质量评估可以考虑以下因素：

- 对改善治理、风险管理和控制过程的贡献程度。
- 内部审计人员的工作效率（例如，项目计划用时和实际用时的对比，或工作用时和管理用时的对比）。
- 对相关法律和/或法规的遵守情况。
- 内部审计程序的成本效益。
- 与高级管理层和其他关键利益相关方的关系稳固程度。
- 其他绩效评价指标。（参见**标准 12.2 绩效评价**。）

证明遵循性的示例

- 记录了与首席审计执行官讨论内部审计职能的质量保证和改进程序的董事会会议议程和纪要。
- 首席审计执行官的汇报内容和其他报告，其中包括质量评估结果和针对改进机会的行动计划的执行情况。
- 质量保证和改进程序的工作底稿或其他证明完成相关活动的证据。

标准8.4 外部评估

要求

首席审计执行官必须为开展外部质量评估制订计划，并与董事会进行讨论。必须至少每五年开展一次外部质量评估，由具备资格的独立评估人员或评估小组负责实施。为了保证独立性，评估人员或小组必须来自组织外部，不隶属于或受控于内部审计职能所在组织。外部质量评估的要求也可以通过经独立审定的自我评估来满足。

在选定独立评估人员或评估小组时，首席审计执行官必须确保其中至少有一人持有活动状态的**国际注册内部审计师**®资格。

基本条件

董事会

- 与首席审计执行官讨论由具备资格的独立评估人员或评估小组对内部审计职能实施外部质量评估的计划。
- 与高级管理层和首席审计执行官合作，确定外部质量评估的范围和频率。
- 在确定外部质量评估的范围时，考虑内部审计章程中描述的有关内部审计职能和首席审计执行官的职责和监管要求。

- 审核和批准首席审计执行官有关实施外部质量评估的计划，需要批准的事项至少应包括：
  - 评估的范围和频率。
  - 外部评估人员、评估小组的胜任能力和独立性。
  - 选择开展经独立审定的自我评估，而不是完全由独立第三方开展外部质量评估的理由。
- 要求从评估人员处直接获取外部质量评估或经独立审定的自我评估的完整结果。
- 在适用的情况下，审核和批准首席审计执行官针对评估发现的缺陷和改进机会提出的行动计划。
- 批准完成行动计划的时间表，并监督首席审计执行官执行计划的进度。

高级管理层

- 与董事会和首席审计执行官合作，确定外部质量评估的范围和频率。
- 阅知外部质量评估的结果。在适用的情况下，与首席审计执行官和董事会商定解决已发现的不足和改进机会的行动计划，并参与商定完成行动计划的时间表。

执行标准的考虑因素

在必要的情况下，董事会和首席审计执行官可以在每五年一次的基础上提高开展外部评估的频率。考虑提高评估频率可能有多种原因，包括领导层（例如高级管理层或首席审计执行官）的人事变动、内部审计方法体系的重大变化、两个或多个内部审计职能合并，或大量人员离职等。此外，某些组织（例如，属于严格监管行业或者直接服务于公众的组织）可能会希望提高外部质量评估的频率并扩大评估范围。

外部质量评估需要对内部审计职能在以下方面的充分性进行全面检查：

- 对《**全球内部审计准则**》的遵循。
- 职责和权限、章程、战略、方法体系、程序、风险评估和内部审计计划。
- 对适用法律和/或法规的遵循。
- 绩效评价标准、指标和评估结果。
- 胜任能力和应有的职业审慎，包括对工具、技术的充分使用和对持续改进的关注。
- 资格和胜任能力，包括组织岗位说明书和招聘要求中确定的首席审计执行官的资格和胜任能力。
- 在组织治理中的地位，包括与共同确立内部审计职能独立地位的各相关方之间的关系。
- 对组织治理、风险管理和控制过程的贡献。
- 对组织运营和实现目标能力的贡献。
- 满足董事会、高级管理层和利益相关方期望的能力。

对于外部评估团队，除了至少有一人持有活动状态的**国际注册内部审计师®**资格这一要求外，其他需要考虑的重要资质包括：

- 《准则》和领先内部审计实务等方面的经验和知识。
- 担任首席审计执行官或同等内部审计管理高级职务的经验。
- 有关组织所属行业或部门的经验。
- 此前开展外部质量评估的经验。
- 通过国际内部审计师协会认可的外部质量评估培训。
- 证明没有事实或表面上存在的利益冲突。

首席审计执行官应当充分考虑对评估人员独立性的潜在损害。潜在损害可能源于过去、现在或未来与组织及其员工或内部审计职能的关系。如果候选评估人员曾经是组织的员工，那么应当评价其独立于组织的时长。潜在损害的示例包括：

- 财务报表的外部审计。
- 为内部审计职能提供协助。
- 私人关系。
- 曾参与或计划参与内部质量评估。
- 提供治理、风险管理、财务报告、内部控制过程或其他相关领域的咨询服务。

来自同一组织不同部门的人员，尽管在组织形式上与内部审计职能隶属不同部门，出于外部评估的目的，仍不认为其具备独立性。同理，来自关联组织（如母公司或上级机构，隶属于同一组织的分支机构，对该内部审计职能所在组织负有定期监督、督导和质量保证职责的机构等）的个人也不应被视为独立。公共部门中，同级政府所辖的多个部门的内部审计职能，如果向同一位首席审计执行官报告工作，则也不应被视为独立。

两个组织之间互相开展同业评估不被视为具有独立性。然而，在三个或更多组织之间（如同行业组织、地区协会或相关团体）轮转进行评估则可能实现独立性目的。但必须保证不发生独立性和客观性受损的问题，且所有成员都能够充分履行其职责。

经独立审定的自我评估一般包含以下内容：

- 依照外部质量评估的要求，对内部审计职能遵循《准则》的情况进行全面的内部评估并进行完整书面记录。
- 接受合格且独立的外部质量评估人员或团队的审定。通过独立审定来确认内部评估是否完整和准确。
- 对标管理、领先实务和对董事会成员、高级管理层和运营管理层等关键利益相关方的访谈。

证明遵循性的示例

- 董事会讨论和批准外部质量评估计划的会议纪要。
- 由合格且独立的评估人员出具和审定的正式外部质量评估报告。
- 外部评估人员向董事会汇报外部质量评估结果的内容。
- 在适用的情况下，首席审计执行官对董事会有关外部评估结果和行动计划的汇报。

领域四：
内部审计管理

首席审计执行官负责根据内部审计章程和**《全球内部审计准则》**管理内部审计职能。其职责包括战略规划、获取和配置资源、建立关系、与利益相关方沟通，以及确保和强化职能的绩效。

负责管理内部审计职能的人员应遵循《准则》，包括履行该领域所述的职责，无论该人员是直接受雇于组织还是来自签约的外部服务提供方。具体的职位和职责可能因组织而异。

首席审计执行官可以将适当的职责授权给内部审计职能中其他合格的专业人员，但仍承担最终责任。

董事会与首席审计执行官之间的直接报告关系能够确保内部审计职能履行其职责。（参见**标准7.1 组织上的独立性**。）此外，首席审计执行官通常与高级管理层中的最高级别人员（如首席执行官）建立行政上的报告关系，以支持日常工作，并确立必要的地位和权力，确保内部审计服务的结果得到应有的考虑。

原则9　制定战略规划

> 首席审计执行官制定战略规划，以确保内部审计职能履行其职责并实现长远发展。

战略规划要求首席审计执行官了解内部审计职责以及组织的治理、风险管理和控制过程。内部审计职能应当有适当的资源和定位，制定并实施支持组织成功的战略。此外，首席审计执行官还要制定并实施方法体系，以指导内部审计职能和制订内部审计计划。

标准9.1　了解治理、风险管理和控制过程

要求

为制定有效的内部审计战略和计划，首席审计执行官必须了解组织的治理、风险管理和控制过程。

为了解治理过程，首席审计执行官必须考虑组织如何：

- 制定战略目标，作出战略和经营决策。
- 监督风险管理和控制。

- 倡导道德文化。
- 实现有效的绩效管理和问责制。
- 安排其管理和运营职能。
- 在组织范围内沟通风险和控制信息。
- 协调董事会、内部和外部确认服务提供方以及管理层之间的活动和沟通。

为了解风险管理和控制过程，首席审计执行官必须考虑组织如何识别和评估重大风险并选择适当的控制过程。这包括了解组织如何识别和管理以下关键风险领域：

- 财务和业务信息的可靠性和完整性。
- 业务和计划的效果和效率。
- 资产安全性。
- 法律和/或法规的遵循性。

执行标准的考虑因素

首席审计执行官通过广泛收集信息和全面研究信息以逐步了解治理、风险管理和控制过程。信息来源包括与董事会和高级管理层的讨论、对董事会和高级管理层会议记录和演示文稿的查阅、内部审计项目的沟通和工作底稿，以及其他确认和咨询服务提供方完成的评估和报告。

了解治理过程

首席审计执行官应充分了解领先的治理原则、全球公认的治理框架和模式，以及本组织所在行业和部门的专业指南。根据这些情况，首席审计执行官应确定组织是否已实施其中任何一项，并衡量组织治理过程的成熟度。组织的治理结构、过程和实践可能会受到组织特点的影响，例如组织的类型、规模、复杂性、结构和流程成熟度，以及组织所遵守的法律和/或监管要求等。

首席审计执行官可以查阅董事会和委员会的章程、会议议程和会议纪要，以深入了解董事会在组织治理中发挥的作用，特别是在战略和运营决策方面的作用。

首席审计执行官可以与担任关键治理角色的人员（例如，董事会主席、政府组织中的最高民选或任命的官员、首席道德官、人力资源官、首席合规官和首席风险官）交谈，以便更清楚地了解组织的流程和确认活动。首席审计执行官可以查阅先前完成的治理审查报告和/或结果，特别关注已发现的问题。

了解风险管理过程

首席审计执行官应了解全球公认的风险管理原则、框架和模型，以及本组织所处行业和部门的专业指南。首席审计执行官应收集信息以评估组织风险管理过程的成熟度，包括识别组织是否已确定其风险偏好并实施风险管理战略和/或框架。与董事会和高级管理层的讨论有助于首席审计执行官了解他们对组织风险管理的看法和重点。

为收集风险信息，首席审计执行官应查阅近期完成的风险评估报告，以及高级管理层和运营管理层、风险管理负责人、外部审计师、监管机构及其他内部和外部确认服务提供方出具的相关报告。

了解控制过程

首席审计执行官应熟悉全球公认的控制框架，并考虑组织所使用的控制框架。根据组织确定的各项目标，首席审计执行官应逐步深入了解组织相应的控制过程及其有效性。首席审计执行官可以制定一个全组织范围内的风险和控制矩阵，以：

- 记录已识别的可能影响组织目标实现能力的风险。
- 说明风险的相对重要性。
- 了解组织流程中的关键控制措施。
- 了解哪些控制措施已经过设计充分性审查，并可以达到预期的运行效果。

对组织的治理、风险管理和控制过程的全面了解，使首席审计执行官能够识别并优先考虑能够促进组织成功的内部审计服务的机会。这些已识别机会是内部审计制定战略和计划的基础。

证明遵循性的示例

- 首席审计执行官对组织所使用的治理、风险管理和控制框架及流程进行调查、收集、审查及其考虑的记录，包括：
    - 组织的董事会和委员会章程，其中概述了组织的治理期望。
    - 评估与治理、风险管理和控制过程相关的法律法规和其他要求。
- 查阅有关组织治理、风险管理和控制过程的董事会会议议程和会议记录，包括战略、方法及监督等内容。

- 首席审计执行官与组织内负责治理和风险管理的人员之间进行讨论的会议记录或说明。
- 查阅组织的风险偏好声明或与董事会和高级管理层就组织的风险偏好和风险容忍度进行的书面沟通记录。
- 为内部审计人员提供的有关组织治理、风险管理和控制过程的情况介绍或培训的记录。
- 查阅业务战略和业务计划。
- 查阅从监管机构收到的函件。
- 有实例证明的对组织风险和控制矩阵的了解。

标准9.2 内部审计战略

要求

首席审计执行官必须制定和实施有助于组织实现战略目标和发展，并符合董事会、高级管理层和其他主要利益相关方期望的内部审计战略。

内部审计战略是旨在实现长期或总体目标的行动计划。内部审计战略必须包括内部审计职能的愿景、战略目标和各项支持措施。内部审计战略有助于指导内部审计职能履行其职责。

首席审计执行官必须定期与董事会和高级管理层一起审阅内部审

计战略。

执行标准的考虑因素

为了制定内部审计战略愿景和目标，首席审计执行官应首先考虑组织的战略和目标以及董事会和高级管理层的期望。首席审计执行官还可根据内部审计章程中的约定，考虑要提供的服务类型以及内部审计职能所服务的其他利益相关方的期望。

愿景描述了内部审计职能期望的未来状态，例如在未来的三到五年内，为该职能的履职提供了方向指引。愿景还旨在激励内部审计人员不断改进。战略目标确定了实现愿景的可实现目标。配套措施概述了实现各项战略目标的更具体的策略和步骤。

制定战略的方法之一是识别和分析内部审计职能的优势、劣势、机会和威胁。这一做法旨在确定改进内部审计职能的方法。另一种方法是对内部审计职能的当前状态和期望状态进行差距分析。

支持战略的措施应当包括：

- 有助于内部审计人员提高胜任能力的机会。
- 技术的引进和应用，提高内部审计职能的效率和效果。
- 整体改进内部审计职能的机会。

当首席审计执行官确定了战略目标和各项支持措施后，应考虑要优先采取的行动，并指定目标日期。

当组织的战略目标或利益相关方的期望发生变化时，应调整内部审计战略。可能促使更频繁地审查内部审计战略的因素包括：

- 组织战略或治理、风险管理和控制过程成熟度的变化。
- 组织政策和程序或组织遵守的法律和/或法规发生变化。
- 董事会成员、高级管理层或首席审计执行官的变动。
- 内部审计职能的内部和外部评估结果。

首席审计执行官可设计实施内部审计战略和相关工作考核的时间表。（参见**标准 12.2 绩效评价**。）对内部审计战略的定期审查应包括与董事会和高级管理层讨论内部审计职能在各项支持措施方面的进展情况。

证明遵循性的示例

- 内部审计战略，包括愿景、战略目标和各项支持措施的记录。
- 与董事会、高级管理层和/或其他利益相关方讨论期望的会议纪要或信函。
- 说明战略所依据的信息和分析。
- 制定和审查内部审计战略并监督其实施情况的内部审计方法。
- 定期自我评估或其他对措施进展情况检查的结果。

标准 9.3　方法体系

要求

首席审计执行官必须制定方法体系，以系统和规范的方式指导内部审计职能实施内部审计战略，制定内部审计计划并遵循《准则》。

首席审计执行官必须评估方法体系的有效性，并在必要时进行更新，以改进内部审计职能，应对影响该职能的重大变化。首席审计执行官必须为内部审计人员提供有关方法体系的培训。（参见**原则13 有效计划项目、原则14 实施项目、原则15 沟通项目结果和监督行动计划的执行情况**及其标准。）

执行标准的考虑因素

方法体系的形式、内容、详细程度和文档化程度可能因组织和内部审计职能的规模、结构、复杂性、行业/监管期望以及成熟度而异。方法体系可以作为单独的文件（如标准操作流程）存在，也可以汇集成内部审计手册或嵌入内部审计管理软件中。方法体系是对《准则》的补充，提供了具体的说明和标准，帮助内部审计人员遵循《准则》并提供高质量的服务。此外，方法体系还描述了沟通、业务运营和管理以及监督等内部审计职能的流程和程序。（参见**标准14.3 审计评价、标准14.5 审计结论**和**标准15.2 确认建议或行动计划的执行情况。**）

为实施战略、实现内部审计计划和遵循《准则》，最有可能需要书面记录的方法包括：

- 组织和各个项目的风险评估。
- 制定和更新内部审计计划。
- 确定确认和咨询项目之间的平衡。
- 协调内部和外部确认服务提供方。

- 管理外部服务提供方（如使用时）。
- 实施内部审计项目。
- 内部审计服务过程中的沟通。
- 根据组织的规章制度和相关法规或其他要求，保留和公布项目记录和其他信息。
- 监督并确认内部审计建议或管理层行动计划的执行情况。
- 确保内部审计职能的质量和改进。
- 制定绩效指标，评估实现目标的进展情况。
- 内部审计职责和权限中确定的其他服务。

在评估内部审计职能的质量时，应审查方法体系的有效性。更新的原因包括内部审计专业标准和指南、法律和/或监管要求、技术以及部门规模或组成方面的重大变化。首席审计执行官或董事会主席的变更也可能需要对内部审计方法体系进行审查和修订。

证明遵循性的示例

- 包含方法体系的软件程序文档。
- 内部审计人员就内部审计方法体系进行沟通的会议议程和会议纪要、电子邮件、签字确认书、培训计划或类似文件。
- 审计工作质量检查的文件，证明方法体系得到了遵循。
- 方法体系或内部审计手册中的脚注或尾注，注明内容涉及的标准。
- 方法体系更新的记录。

标准9.4 内部审计计划

要求

首席审计执行官必须制定有助于实现组织目标的内部审计计划。

首席审计执行官必须根据对组织战略、目标和风险的评估结果制定内部审计计划。评估必须参考董事会和高级管理层的意见，以及首席审计执行官对组织治理、风险管理和控制过程的了解。评估必须至少每年进行一次。

内部审计计划必须：

- 考虑内部审计职责和权限以及商定的全部内部审计服务。
- 明确关于支持评价和改进组织治理、风险管理和控制过程的内部审计服务。
- 考虑涵盖信息技术治理、舞弊风险、组织合规和道德计划的有效性以及其他高风险领域。
- 确定完成计划所必需的人力、财务和技术资源。
- 根据组织业务、风险、运营、计划、系统、控制和组织文化的变化，及时进行动态更新。

首席审计执行官必须在必要时审查和修订内部审计计划，并及时与董事会和高级管理层沟通：

- 资源限制对内部审计范围的影响。

- 高风险领域或活动的确认业务未纳入计划的理由。
- 主要利益相关方之间对服务的需求存在冲突，例如根据新出现的风险确定最高优先级以及用咨询服务取代计划中确认服务的需求。
- 对信息访问范围的限制。

首席审计执行官必须与董事会和高级管理层讨论内部审计计划，包括重大的临时变更。计划和对计划的重大修改必须获得董事会批准。

执行标准的考虑因素

本标准要求至少每年完成一次组织范围的风险评估，作为计划的基础。但是，首席审计执行官应不断了解风险信息，相应地更新风险评估和内部审计计划。如果组织的环境在不断变化，内部审计计划可能就需要每半年、每季度甚至每月更新一次。在确定更新风险评估的适当工作程度时，应考虑组织内有关组织治理、风险管理和控制过程成熟度所发生变化的规模、复杂性和类型。

编制内部审计计划的一种方法是将组织内可能的审计对象组成一个审计域，以便识别和评估风险。当审计域是基于对组织目标和战略举措的理解，并与组织结构或风险框架相一致时，审计域是最有用的。可审计对象可以包括业务单位、流程、程序和系统。首席审计执行官可以将这些对象与关键风险联系起来，为全面风险评估和确定整个组织的审计范围做准备。这一过程使首席审计执行官可确定在内部审计工作中需要进一步评估的风险优先次序。

为确保审计范围和风险评估涵盖组织的主要风险，内部审计职能应独立审查和确认组织风险管理体系中确定的关键风险。内部审计职能只有在得出结论认为组织的风险管理过程是有效的情况下，才能依赖管理层提供的风险信息。

为完成组织范围的风险评估，首席审计执行官不仅应考虑广泛的组织层面的目标和战略，还应考虑具体审计对象层面的目标和战略。此外，首席审计执行官应适当关注与道德、舞弊、信息技术、第三方关系和违反监管要求有关的风险，这些风险可能不止与一个业务部门或流程相关，还可能需要更复杂的评估。

为支持该风险评估，首席审计执行官可根据近期完成的审计项目以及在与董事会和高级管理层的讨论中收集信息（参见**标准 9.1 了解治理、风险管理和控制过程**和**标准 11.3 沟通结果**）。首席审计执行官可采取持续评估风险的方法，不仅要考虑不利于实现目标的负面影响和障碍的风险，还要考虑增强组织实现目标能力的机会的风险。

首席审计执行官应制定流程，以确定和评估审计计划中应考虑涵盖的重大、新的和新兴风险。例如，由于资源有限，内部审计职能可能无法每年评估审计域内的所有风险。在这种情况下，首席审计执行官可能更需要依靠风险信息来源，如管理层的风险评估、与董事会和高级管理层的会议，以及以往审计项目和其他审计工作的结果。

在制定内部审计计划时，首席审计执行官会根据已知的控制有效性水平，考虑每个审计对象的风险水平。影响内部审计计划的因素还包括董事会和高级管理层的要求、组织内的计划确认范围、法律或法规要求的项目，以及内部审计职能部门依赖其他确认服务提供方的工作能力。首席审计执行官应计划定期对依赖程度进行重新评估。

在制定内部审计计划时，首席审计执行官应考虑以下几点：

- 法律或法规要求的项目。
- 对组织的宗旨或战略至关重要的项目。
- 具有重大风险的领域和活动。
- 所有重大风险是否得到确认服务提供方的充分关注。
- 咨询和特别要求。
- 每个潜在项目所需的时间和资源。
- 每个项目对组织的潜在益处，例如项目对改进组织的治理、风险管理和控制过程的潜在益处。

在安排内部审计项目时，首席审计执行官应考虑：

- 组织的业务重点。
- 外部审计项目和监管检查的工作计划。
- 内部审计人员的胜任能力和可利用率。
- 能够获取审计对象信息的能力。

拟定的内部审计计划应包括：

- 相较于其他管理和非审计活动，用于内部审计项目和改进内部审计职能的资源和时间。
- 拟实施的审计项目清单和相关分析，具体说明项目是：
    - 确认服务还是咨询服务。
    - 关注组织的某些部门、业务单元或目标。
    - 主要针对财务、合规、运营、网络安全或其他目标。
- 选择每项拟议项目的理由。例如，风险的重要性、组织关注的重点或热点及趋势（根本原因）、监管要求或上次审计的时间。

- 每项拟议项目的总体目的和初步范围。
- 为突发事件和特别要求预留的时数占比。
- 因资源限制而无法开展的其他项目。这些项目的讨论可帮助董事会评估内部审计职能可用资源的充足性。

首席审计执行官、董事会和高级管理层应就需要修订审计计划的重大变更的确定标准达成一致。确定的标准和规则应纳入内部审计职能的方法体系。重大变更的例子包括取消或推迟与重大风险或关键战略目标相关的审计项目。如果出现风险，有必要在与董事会进行正式讨论之前修改计划，则应立即将修改情况通知董事会，并应尽快获得正式批准。

证明遵循性的示例

- 经批准的内部审计计划。
- 风险评估和优先次序的记录，包括计划所依据的意见。
- 首席审计执行官与董事会和高级管理层讨论审计范围、组织范围内的风险评估、内部审计计划以及处理计划重大变更标准和流程的会议记录。
- 收集信息为组织内的风险评估和内部审计计划提供依据的讨论记录。
- 内部审计计划分发对象的名单。
- 组织范围内的风险评估方法和处理重大变更规则的记录。

标准9.5　协调和信赖

要求

首席审计执行官必须与内部和外部确认服务提供方协调，并考虑依赖他们的工作。协调服务可以最大限度地减少重复工作，突出关键风险覆盖面的疏漏，提升提供方的整体价值。

如果无法实现适当程度的协调，首席审计执行官必须提请高级管理层关注，必要时要向董事会提出。

当内部审计职能依赖于其他确认服务提供方的工作时，首席审计执行官必须记录其依据，并且仍需对内部审计职能得出的结论负责。

执行标准的考虑因素

首席审计执行官应制定评估其他确认和咨询服务提供方的方法，其中包括依赖其工作的依据。评估应考虑提供方的角色、责任、组织独立性、能力和客观性，以及依赖其工作应有的职业审慎。首席审计执行官应了解所开展工作的目标、范围和结果。

首席审计执行官应通过与高级管理层沟通，查阅组织报告路径和董事会会议议程或会议记录，确定组织的确认和咨询服务提供方。组织内部的确认和咨询服务提供方包括可能向高级管理层报告或高级管理层管理的职能，例如：合规、环境、财务管理、健康与安全、信息安全、法律、风险管理和质量保证等。外部确认服务提供方可向高级管理层、外部利益相关方或首席审计执行官报告。

协调的示例包括：

- 协调计划工作的性质、范围和时间安排。
- 建立对确认的技术、方法和术语的共同理解。
- 提供获取彼此工作方案和报告的路径。
- 利用管理层的风险管理信息提供联合风险评估。
- 创建共享风险登记册或风险清单。
- 合并结果以便联合报告。

确认活动的协调流程因组织而异，在小型组织中可以是非正式的，在大型组织或受到严格监管的组织中则是正式和复杂的。首席审计执行官在与各服务提供方会面以收集协调服务所需的信息之前，要考虑组织的保密要求。提供方经常交流即将开展的项目的目标、范围和时间安排，以及之前项目的结果。提供方还会讨论依赖彼此工作的可能性。

协调确认范围的一种方法是创建确认地图，或者说包含组织风险和内外部确认服务提供方的矩阵。确认地图是将已识别的重大风险类别与相关确认服务提供方联系起来，并对每个风险类别的确认程度进行评估。由于该地图具有综合全面性，它显示了确认覆盖方面的遗漏和重复，使首席审计执行官能够评估每个风险领域的确认服务是否充分。可以与其他确认提供方讨论结果，以便各方就如何协调活动达成一致。在联合确认方法中，首席审计执行官协调内部审计职能与其他确认提供方的确认项目，以减少审计项目的频率和重复，最大限度地提高确认覆盖面的效率。

首席审计执行官可出于各种原因选择依赖其他服务提供方的工作，例如评估内部审计职能专业知识之外的专门领域、减少完成项目所需的测试量、扩大超出内部审计职能资源的风险覆盖面。

为确定内部审计职能是否可以依赖其他的服务提供方的工作，使用的方法应考虑服务提供方的：

- 潜在或实际的利益冲突以及是否进行了披露。
- 报告关系以及这种安排的潜在影响。
- 专业经验、资格和认证的相关性和有效性。
- 工作方法以及在计划、监督、记录和审阅工作时履行职业审慎。
- 审计发现和结论是否合理，是否以充分、可靠和相关的证据为依据。

首席审计执行官在评估其他确认服务提供方的工作后，确定内部审计不能依赖该工作。内部审计人员可重新测试并收集更多信息，或独立实施确认业务。

如果内部审计职能有意持续或长期依赖另一确认服务提供方的工作，则各方应记录商定的关系和所提供确认服务的细节以及支持确认服务所需的测试和证据。

证明遵循性的示例

- 关于不同确认和咨询角色及责任的沟通，可记录在与某个确认和咨询服务提供方的会议记录中，或记录在与董事会和高级管理层的会议记录中。
- 确认地图和/或联合确认计划，确定各领域的确认服务提供方。
- 记录并实施确定是否依赖服务提供方工作的方法。
- 与其他确认服务提供方签订的书面协议，确认他们将实施的确认工作的具体内容。

原则10　管理资源

> 首席审计执行官负责管理资源，以实施内部审计职能的战略并完成其计划和职责。

资源管理要求有效获取和配置财务、人力和技术资源。首席审计执行官需要获得履行内部审计职责所需的资源，并根据内部审计职能制定的方法配置资源。

标准10.1　财务资源管理

要求

首席审计执行官必须管理内部审计职能的财务资源。

首席审计执行官必须编制预算，以便顺利实施内部审计战略和实现计划。预算包括职能运行所需的资源，包括培训和技术及工具的购置。首席审计执行官必须根据预算，切实有效地管理内部审计职能的日常活动。

首席审计执行官必须将预算提交董事会批准。首席审计执行官必须及时与董事会和高级管理层沟通财务资源不足的影响。

执行标准的考虑因素

首席审计执行官应遵循组织制定的预算程序。无论内部审计职能是内设还是外包，董事会都应批准充足的预算。

首席审计执行官应定期对比计划预算与实际情况，并分析重大差异，以确定是否需要调整。预算可包括准备金，以备内部审计计划出现意外但必要的变动。如果内部审计职能的预算是包含在另一个部门、业务单位或组织的大预算内，首席审计执行官仍应了解分配给内部审计职能的资金，跟踪支出情况，并监督内部审计职能所获得的财务资源是否充足。

如果由于不可预见的情况而需要大量额外资源，首席审计执行官应立即与董事会和高级管理层讨论有关情况。

证明遵循性的示例

- 根据预算、预测和实际支出编制内部审计计划的文件。
- 首席审计执行官与董事会和高级管理层讨论内部审计预算的会议记录。
- 讨论内部审计职能预算和批准情况的会议记录。

标准10.2　人力资源管理

要求

首席审计执行官必须确定专门的方法，以招聘、培养和留住能成功实施内部审计战略和完成内部审计计划的合格内部审计人员。

首席审计执行官必须确保人力资源得到适当、充足和有效的配置，以完成批准的内部审计计划。适当是指知识、技能和能力的结合；充足是指资源的数量；有效的配置是指以完成内部审计计划的最佳方式配置资源。

首席审计执行官必须与董事会和高级管理层沟通内部审计职能人力资源的适当性和充足性。如果内部审计职能缺乏完成内部审计计划所需的适当和充足的人力资源，首席审计执行官必须确定如何获得资源，或及时向董事会和高级管理层报告资源限制的影响。（参见**标准8.2 资源**。）

首席审计执行官必须评估内部审计职能的每个内部审计人员的胜任能力，并鼓励他们的职业发展。首席审计执行官必须通过培训、监督反馈和/或指导等方式，帮助内部审计人员提高个人胜任能力。（参见**标准3.1 胜任能力**。）

执行标准的考虑因素

为内部审计职能提供资源的结构和方法应与内部审计章程保持一致，并支持内部审计职能战略目标的实现和内部审计计划的实施。

在制定管理内部审计职能人力资源的方法时，首席审计执行官应：

- 考虑组织的特点，如结构复杂性、地域复杂性、文化和语言的多样性，以及组织运营所处风险环境的不稳定性。
- 考虑内部审计预算以及各类人员配置方法（例如，聘用员工或外包）的成本效益和灵活性。
- 了解履行内部审计章程和完成内部审计计划所需人力资源的备选方案。
- 与董事会和高级管理层沟通，就方法达成一致。
- 考虑首席审计执行官职位的继任计划，包括与董事会进行讨论。

为支持聘用合格的内部审计人员，首席审计执行官应：

- 与人力资源部门合作，制定符合**标准 3.1 胜任能力**和专业能力框架要求的岗位规范或职责说明。
- 考虑招聘具有不同背景、经验和观点的内部审计人员的益处，并创建允许有效合作和分享不同观点的包容性的工作环境。
- 参加招聘活动，如招聘会、学生活动、专业交流机会以及招聘面试。

为培养和留住内部审计人员，首席审计执行官应：

- 实施有助于实现内部审计职能战略目标的薪酬、晋升和表彰活动。
- 实施培训、业绩评价、提升能力和促进内部审计人员职业发展的方法。
- 考虑内部审计职能和组织的人力资源目标，例如跨职能知识共享和继任计划。
- 营造崇尚道德的职业环境，并确保内部审计人员接受充分的培训和开展有效的合作。（参见**领域二：职业道德和职业素养**。）

为评估人力资源是否适当且足以完成内部审计计划，首席审计执行官应考虑：

- 内部审计人员的胜任能力和提供内部审计服务所需的胜任能力。
- 服务的性质和复杂性。
- 内部审计人员数量和可用的有效工作时间。
- 工作安排的制约因素，包括在岗的内部审计人员，以及组织的信息、人员和资产等的可利用性。
- 依赖其他确认提供方工作的能力。（参见**标准9.5 协调和依赖**。）

除胜任能力外，首席审计执行官还应根据每个内部审计人员的日程安排以及负责审计对象的工作人员的可利用性，考虑内部审计项目的时间或日常安排。如果计划在某一特定时间实施审计项目，那么完成该审计项目所需的资源也必须届时到位。

如果资源不足以完成计划的项目，首席审计执行官可以为现有员工提供培训，请组织内部的专家担任特邀审计员，雇用员工，依赖其他确认服务提供方，制订审计岗位轮换计划，或实行内部审计外包。外包服务提供方可提供特定技能、完成特殊项目或实施审计项目。

在内部审计职能内设的情况下，内部审计人员的配置可以通过轮岗加以补充，即来自其他业务部门的员工临时加入内部审计职能，随后返回业务部门。临时加入内部审计职能的员工可以提供专门技能和知识以及独特的视角和见解。此外，当员工调回业务部门时，他们的内部审计经验有助于加深对组织治理、风险管理和控制过程的理解。在采用轮岗模式时，首席审计执行官应关注客观性可能受到损害的情形，并应采取相关保障措施。（参见**标准 2.2 保障客观性**。）

项目督导方法应包括为内部审计人员提供充分的机会，使其能够从承担督导职责的更有经验的内部审计人员处获得建设性的反馈意见；此类反馈意见可以通过书面或口头意见的方式在工作底稿和其他沟通形式中提出。导师制可以让经验不足的内部审计人员在项目实施现场向经验丰富的审计人员学习如何开展项目，从而为其提供了实践锻炼的机会。内部审计职能开展的持续监督和定期自我评估为内部审计人员提供了更多获得反馈和建议的机会，进而提高其工作效率（参见**标准 12.1 内部评估**）。定期进行的个人绩效评价（如每年一次）也是有助于内部审计人员职业发展的其他渠道。

首席审计执行官应遵循组织的人力资源政策，或者像公共部门一样，遵循监管或合同规定的人力资源框架。在这些情况下，首席审计执行官应努力深入理解这些框架，优化岗位分类、评估程序和其他法定的支持内部审计职能的人力资源框架。当这些法定框架削弱了满足内部审计职能人力资源需求的能力时，应告知董事会和高级管理层。

证明遵循性的示例

- 对现有内部审计人员的胜任能力与所需能力之间差距的书面分析。
- 岗位说明书。
- 组织聘用的内部审计人员的简历。
- 培训计划以及完成培训的记录。
- 外部服务提供方的合同和提供方指派的内部审计人员的简历。
- 内部审计计划，包括预计的项目安排和资源分配情况。
- 记录内部审计预算讨论情况的会议记录。
- 项目完成后预算工时与实际工时的比较。
- 对内部审计职能和内部审计人员的绩效评价。

标准10.3 技术资源

要求

首席审计执行官必须努力确保内部审计职能拥有支持内部审计流程的技术。首席审计执行官必须定期评估内部审计职能使用的技术，并寻求提高效果和效率的机会。

在采用新技术时，首席审计执行官必须对内部审计人员进行适当的培训，使他们有效地使用技术资源。首席审计执行官必须与本组织的信息技术和信息安全职能部门共同确保技术资源得到适当利用。

首席审计执行官必须向董事会和高级管理层报告技术限制对内部审计职能的效果或效率的影响。

执行标准的考虑因素

内部审计职能应利用技术提高其效果和效率。此类技术的示例包括：

- 审计管理系统。
- 治理、风险管理和控制过程形成映射的应用程序。
- 数据科学和分析辅助工具。
- 辅助沟通和合作的工具。

为评估内部审计职能是否拥有履行职责所需的技术资源，首席审计执行官应：

- 评估在内部审计活动全流程中获取和实施增强型技术支持功能的可行性。
- 与其他部门合作，共享治理、风险和控制管理系统。
- 向董事会和高级管理层提出有充分依据的技术资金申请，以供批准。
- 制订和实施已经批准的技术计划。计划应包括培训内部审计人员，并向董事会和高级管理层展示已实现的效果。

- 识别和应对技术使用带来的风险，包括与信息安全和个人数据隐私相关的风险。

证明遵循性的示例

- 内部审计战略中描述当前或计划利用技术推进内部审计职能目标的内容。
- 与技术要求和应用有关的讨论或计划的记录。
- 技术应用、培训和使用等记录，包括证明项目实施期间技术应用情况的工作底稿。
- 内部审计人员的姓名及其技术相关的认证和资质。
- 信息安全、档案管理以及与使用技术资源相关的其他政策和程序。

原则11　有效沟通

> 首席审计执行官指导内部审计职能与利益相关方进行有效沟通。

有效沟通需要构建关系、建立信任，使利益相关方能够从内部审计服务结果中受益。首席审计执行官负责帮助内部审计职能与利益相关方建立持续的沟通，以建立信任和促进关系。此外，首席审计执行官还负责管理内部审计职能与董事会和高级管理层的正式沟通，以确保内部审计服务质量，并根据内部审计服务的结果提供洞见。

标准11.1　与利益相关方建立关系和沟通

要求

首席审计执行官必须为内部审计职能制定工作方法，与董事会、高级管理层、运营管理层、监管机构、内部和外部服务提供方以及其他咨询顾问等主要利益相关方建立关系和信任。

首席审计执行官必须促进内部审计职能与利益相关方之间的正式

和非正式的沟通，有助于对以下方面的相互理解：

- 组织的利益和关注点。
- 识别和管理风险并提供确认服务的方法。
- 相关各方的角色和责任以及合作机会。
- 相关监管要求。
- 重要的组织流程，包括财务报告。

执行标准的考虑因素

董事会和高级管理层与内部审计职能之间定期、持续的沟通有助于对组织的风险和确认服务重点达成共识，并提高对变化的适应能力。首席审计执行官应参与组织的各类沟通，以便及时了解可能影响组织目标和风险的重大进展和计划活动。首席审计执行官还应出席与董事会和主要治理委员会以及高级管理层和直接向高级管理层报告的小组（如合规、风险管理和质量控制）会议。

此外，首席审计执行官应与高级管理层和董事会讨论沟通的工作方法，以确定需要正式沟通的重要问题的定义标准、正式沟通的形式和内容，以及进行正式沟通的频率。

与个别高级管理人员和董事会成员单独会面，使首席审计执行官能够与他们建立关系，了解他们的关注点和观点。为了更好地了解业务目标和流程，内部审计人员应与运营管理层的主要成员会面，如业务部门的负责人和具体业务人员。在某些监管严格的行业或部门，首席审计执行官与外部审计师和监管机构之间的会议是必要的。

首席审计执行官和内部审计人员可主动与董事会和管理层讨论战

略、目标和风险，以及行业动态、趋势和监管变化。此类讨论以及调查、访谈和小组研讨会都是获取意见的有用工具，尤其是关于舞弊和新兴风险的意见。网站、简讯、演示文稿和其他沟通形式都是与员工和其他利益相关方分享内部审计职能的作用和效果的有效途径。

首席审计执行官可委派内部审计人员负责与业务负责人、全球运营、信息技术、财务、合规和人力资源等重要职能部门管理层保持持续沟通。（参见**标准 9.5 协调和信赖**。）

沟通应包括内部审计人员与组织员工之间持续、非正式互动的机会。不同于正式会面，持续存在的非正式互动可以增强员工对内部审计人员的信任，促进坦率的沟通。作为建立关系的一部分，非正式互动可以增强内部审计人员对组织及其控制环境的全面了解。内部审计人员到特定业务部门或地点轮岗，在非正式沟通的益处和保护内部审计人员客观性的需要之间达成平衡。

证明遵循性的示例

- 内部审计职能管理利益相关方关系计划的记录。
- 内部审计职能的成员和利益相关方之间的会议议程或会议纪要。
- 内部审计人员通过调查、访谈和小组研讨会等方式征求组织内利益相关方的意见。
- 内部审计职能与组织内利益相关方沟通的网站或网页、简讯、演示文稿和其他渠道。

标准11.2 有效的沟通

要求

首席审计执行官必须制定和运用各种工作方法，以促进准确、客观、清晰、简明、建设性、完整和及时的内部审计沟通。

执行标准的考虑因素

方法可包括政策、标准，风格指南和程序，以指导内部审计职能的沟通并实现一致性。沟通方法应考虑董事会、高级管理层和其他有关利益相关方的期望。（参见**标准9.3 方法体系**和**标准15.1 项目结果沟通**。）首席审计执行官可以为内部审计人员提供沟通培训，例如撰写或准备最终沟通报告的培训。

督导检查等方法应当提升项目沟通的成效。

- 准确：没有错误和歪曲，忠实于基本事实。在沟通时，内部审计人员应使用准确的术语和描述，并以收集到的信息为依据。内部审计人员还应考虑与准确性相关的其他标准，包括**标准11.4 错误与遗漏**。
- 客观：公正、不偏不倚，是对所有相关事实和情况进行公平、综合评估的结果。内部审计发现的问题、结论、建议和/或行动计划以及内部审计服务的其他结果应基于对相关情况的综合评估。沟通应侧重于确定事实信息，并将信息与目标联系起来。内部审计人员应避免使用可能被视为带有偏见的词语。（参见**原则2 保持客观性**及相关标准。）

- 清晰：符合逻辑且易于有关利益相关方理解，避免不必要的专业术语。如果内部审计人员使用的语言与组织内使用的术语一致，且易于被目标受众理解，则可提高清晰度。内部审计人员应避免使用不必要的专业术语，并对不常用的重要术语或以特定或特有的方式使用的术语进行定义。内部审计人员在沟通中应涵盖支持审计发现、结论、建议和/或行动计划等的重要细节，以提高清晰度。
- 简明：简洁明了，避免不必要的细节和冗长。内部审计人员应避免赘语，排除不必要、无关紧要或与项目或服务无关的信息。
- 建设性：对利益相关方和组织有帮助，并能对需要的方面加以改进。内部审计人员应以合作和友好的语气表达信息，促进与审计对象的合作，以确定改进的机会。
- 完整：相关、可靠和充分的信息和证据，以支持内部审计服务的结果。完整性可使阅读者得出与内部审计人员相同的结论。内部审计人员应调整沟通内容，以满足不同接受方的需求，并考虑他们负责采取行动计划时所需要的信息。例如，向董事会和高级管理层沟通的信息可能不同于向审计对象管理层传达的信息。
- 及时：根据问题的重要性，适当安排时间，以便管理层采取纠正措施。及时性的含义在不同组织会有所不同，取决于项目的性质。

首席审计执行官可以制定关键绩效指标，以监督内部审计沟通的有效性，这些指标可作为内部审计职能质量保证和改进程序的一部分。（参见**标准 8.3 质量**、**原则 12 强化质量**及相关标准。）

证明遵循性的示例

- 风格指南、模板和其他有书面记录的有效沟通的方法。
- 参加有效沟通技巧培训或会议的记录。
- 首席审计执行官批准的项目结果和其他文件，以及证明有效沟通特点的辅助文件。
- 展示有效沟通特点的演示文稿或会议纪要。
- 证明沟通及时性的记录。
- 展示有效沟通特点的工作底稿。
- 关于提高沟通效率的督导检查记录的工作底稿。
- 利益相关方对内部审计沟通质量的调查结果。
- 质量保证和改进程序的结果。

标准11.3 沟通结果

要求

首席审计执行官必须定期向董事会和高级管理层报告内部审计服务的结果，并视情况报告项目结果。首席审计执行官必须了解董事会和高级管理层对沟通的性质和时间安排的期望。

内部审计服务的结果包括：

- 项目结论。
- 有效做法或根本原因分析等专题。
- 业务部门或组织层面的结论。

项目结论

首席审计执行官必须审查和批准包括项目结论在内的项目结果，并在发布前决定向谁发送和如何发送。如果这些职责被委派给其他内部审计人员，首席审计执行官仍负总体责任。首席审计执行官在向组织外各方发布项目结果之前，必须按照规定征求法律顾问和/或高级管理层的意见，法律和/或法规另有要求或限制的情况除外。（参见**标准11.4 错误与遗漏**、**标准11.5 沟通对风险的接受**和**标准15.1 项目结果沟通**。）

专题性成果

从整体上看，多个项目的审计发现和结论可能会揭示出某种趋势，如根本原因。当首席审计执行官发现与组织的治理、风险管理和控制过程相关的专题时，这些专题以及洞见、建议和/或结论应及时向董事会和高级管理层报告。

业务部门或组织层面的结论

由于行业要求、法律和/或法规，或董事会、高级管理层和/或其他利益相关方的期望，首席审计执行官可能需要在业务部门或组织层面就治理、风险管理和/或控制过程的有效性作出结论。这一结论反映了首席审计执行官根据多个项目作出的职业判断，必须得到相关、可靠和充分信息的支持。

与董事会和高级管理层沟通这类结论时，首席审计执行官必须包括以下内容：

- 沟通内容概述。
- 结论所依据的标准，例如治理框架或风险与控制框架。
- 范围，包括限制和结论所涉及的期间。
- 支持结论的信息摘要。
- 披露对其他确认服务提供方的依赖情况（如果有的话）。

执行标准的考虑因素

内部审计服务的结果可以基于单个项目或多个项目，以及长期与董事会和高级管理层的互动。

项目结论

虽然**标准13.1 项目沟通**要求内部审计人员在项目实施期间与审计对象进行沟通，但首席审计执行官负责将项目结果报告相关方。相关方可包括董事会、高级管理层和/或负责制订和实施管理层行动计划的人员。（参见**标准15.1 项目结果沟通**。）

首席审计执行官应鼓励内部审计人员在项目沟通中认可令人满意和积极的表现。在项目中发现的良好实务范例可以推广到组织的其他部门，或确立为整个组织的标杆。

专题

探究多个审计项目的审计发现和审计结论，可以发现一些趋势，例如与评价标准相比，实际状况是改善了还是恶化了，实际状况背后的根本原因，或者是分享提高效果或效率的做法的机会。这种趋势还会促进在整个组织内实施关注于该专题的其他项目。

与董事会和高级管理层的沟通应包括：

- 重大控制缺陷和对根本原因的深入分析。
- 跨多个项目或业务部门的专题性或系统性问题、行动或进展。

在确定专题时，应考虑其他确认服务提供方的深刻见解。（参见**标准9.5 协调和信赖**。）

业务部门或组织层面的结论

在业务部门或组织整体层面沟通结论时，首席审计执行官应考虑结论与组织战略、目标和风险的关系。首席审计执行官还应考虑该结论是否解决了问题，增加价值和/或使管理层或其他利益相关方对总趋势和实际状况的信心。

首席审计执行官还应考虑结论所涉及的期间和任何范围限制，以确定哪些项目与总体结论相关。应考虑所有相关的业务或项目，包括其他内部和外部确认服务提供方完成的业务或项目。（参见**标准9.5 协调和信赖**。）

例如，总体结论可基于组织在地方、地区和国家层面实施项目的综合结论，以及独立第三方或监管机构等外部机构报告的结果。范围声明通过具体说明的时间段、活动、限制和描述结论边界的其他变量，为总体结论提供背景信息。

首席审计执行官应概述总体结论所依据的信息，并确定作为总体结论依据的相关风险或控制框架或其他标准。首席审计执行官应阐明总体结论与组织战略、目标和风险之间的关系。总体结论通常以书面形式沟通，也可以以口头形式沟通。

证明遵循性的示例

- 项目结果，包括项目审计发现、审计建议和审计结论。
- 首席审计执行官的讲话提纲、会议纪要、发言稿、演示文稿或表明与董事会和高级管理层沟通情况的文件。
- 对数据报告、图表和趋势图等的分析。
- 作为总体结论依据的相关风险或控制框架或其他标准。

标准11.4 错误与遗漏

要求

如果项目结果包含重大错误或遗漏，首席审计执行官必须立即将更正后的信息通报给收到原始信息的所有各方。

重要性根据与董事会商定的标准确定。

执行标准的考虑因素

首席审计执行官和董事会应就通报更正的规定达成一致。为确定其重要性，首席审计执行官应评估错误或遗漏的信息是否会产生法律或监管后果，或改变审计发现、结论、建议或管理层的行动计划。

首席审计执行官应当确定最适当的沟通方式，以便收到原始沟通信息的所有各方都能收到更正后的信息。除了通报更正后的信息外，首席审计执行官还应查明错误或遗漏的原因，并采取纠正措施，防止今后发生类似情况。

证明遵循性的示例

- 处理错误与遗漏的方法。
- 经董事会同意并由首席审计执行官用于确定重要性水平的标准。
- 说明首席审计执行官如何确定错误或遗漏的重要性和原因的信函和其他记录。
- 有关讨论错误或遗漏的首席审计执行官的日程表、董事会或其他会议纪要、备忘录以及电子邮件通信。
- 原件和更正后的项目结果文件。
- 相关各方收到更正后的项目结果文件的记录。

标准 11.5　沟通对风险的接受

要求

首席审计执行官必须就不可接受的风险水平进行沟通。

当首席审计执行官认为管理层接受的风险水平超出了组织的风险偏好或风险容忍度时，必须与高级管理层进行讨论。如果首席审计执行官确定高级管理层尚未解决该问题，则必须将该问题上报董事会。

首席审计执行官没有责任解决此类事项。

执行标准的考虑因素

首席审计执行官通过与董事会和高级管理层的讨论、与利益相关方的关系建立和持续沟通，以及内部审计服务的结果，了解组织的风险和风险容忍度。（参见**标准8.1 与董事会的沟通**、**标准9.1 了解治理、风险管理和控制过程**，以及**标准11.1 与利益相关方建立关系和沟通**。）通过了解，首席审计执行官可以判断组织认为可以接受的风险水平。如果组织有正式的风险管理过程，首席审计执行官应当了解管理层接受风险的政策。

首席审计执行官可以就记录和沟通接受超出风险偏好或风险容忍度的风险的方法进行讨论，并征得董事会同意。除《准则》要求外，该方法还应考虑组织的风险管理过程（包括沟通重大风险问题的首选方法）、政策和程序。具体规定可包括沟通的及时性、报告的层级以及与组织的法律顾问或合规负责人协商的要求等。该方法还应包括记录讨论和采取行动的程序，包括风险描述、关注原因、管理层不执行内部审计人员的建议或其他行动的原因、接受风险的责任人姓名以及讨论日期。

首席审计执行官可通过检查管理层对审计发现问题的反馈，以及监督管理层在落实建议和行动计划方面的进展，了解管理层是否已接受风险。与利益相关方建立关系并保持沟通，是随时了解风险管理活动（包括管理层对风险的接受情况）的其他方式。

当风险超过风险偏好时，可能产生的影响包括：

- 对组织声誉造成损害。
- 对组织的员工或其他利益相关方造成损害。
- 被监管机构处以巨额罚款、限制商业活动，或其他经济或合同罚款。
- 重大错报。
- 利益冲突、舞弊或其他非法行为。
- 实现战略目标的重大障碍。

首席审计执行官的职业判断有助于确定管理层是否接受超出风险偏好或风险容忍度的风险水平。例如，如果管理层在实施行动计划方面没有显著进展，首席审计执行官可得出结论，认为管理层接受的风险水平超出了风险偏好或风险容忍度。在将问题上报董事会和/或高级管理层之前，首席审计执行官应直接与负责该风险领域的管理层讨论，分享所关注的问题，了解管理层的观点，并商定最新的行动计划。

只有在首席审计执行官无法与负责管理风险的管理层达成一致时，才会执行本标准的要求。如果在与高级管理层讨论后，确定了不可接受的风险仍未得到解决，首席审计执行官就会将此问题上报董事会。董事会负责决定如何与管理层一起解决该问题。

证明遵循性的示例

- 与董事会就沟通风险问题的方法进行讨论和达成一致意见的记录。

- 有关风险的讨论情况以及向运营管理层和高级管理层建议采取行动的记录，包括会议纪要。
- 解释风险问题和内部审计为解决该问题采取行动的记录，包括从运营管理层上报到高级管理层的讨论过程。
- 与董事会举行会议的记录，包括将问题上报董事会的非公开或闭门会议。

原则12　强化质量

> 首席审计执行官对内部审计职能遵循《全球内部审计准则》并不断提高绩效负责。

质量是对遵循**《全球内部审计准则》**和实现内部审计绩效目标的综合衡量标准。因此，质量保证和改进程序旨在评估和促进内部审计职能遵循《准则》，实现绩效目标和追求持续改进。该程序包括内部评估和外部评估。（参见**标准8.3 质量**和**标准8.4 外部评估**。）

首席审计执行官负责确保内部审计职能不断改进。这需要采取措施来评估内部审计服务、内部审计人员和内部审计职能的绩效。这些措施是评估包括持续改进在内的绩效目标实现情况的基础。

标准12.1　内部评估

要求

首席审计执行官必须建立和开展内部评估，对内部审计职能是否遵循**《全球内部审计准则》**以及绩效目标的实现情况进行评价。

首席审计执行官必须确立**标准8.3 质量**所述的内部评估方法，其中包括：

- 持续监督内部审计职能是否遵循《准则》以及绩效目标的实现情况。
- 定期开展自我评估或由组织内对内部审计实务有充分了解的其他人员进行评估，以评价《准则》的遵循情况。
- 与董事会和高级管理层沟通内部评估结果。

首席审计执行官必须根据定期自我评估的结果制订行动计划，以解决未遵循《准则》的情况，发现改进的机会，包括采取行动的时间计划。首席审计执行官必须向董事会和高级管理层报告定期自我评估和行动计划的结果。（参见**标准8.1 与董事会的沟通**、**标准8.3 质量**和**标准9.3 方法体系**。）

内部评估必须有书面记录，作为组织外部评估内容的一部分，纳入独立第三方进行的评估中。（参见**标准8.4 外部评估**。）

如果不遵循《准则》的情况影响到内部审计职能的总体范围或运行，首席审计执行官必须向董事会和高级管理层披露不遵循情况及其影响。

执行标准的考虑因素

持续监督

持续监督包含对内部审计职能的日常监督、检查和评估。持续监督被纳入管理内部审计职能的日常政策和实践中，包括对是否遵循《准则》进行评估所必需的流程、工具和信息。

内部审计职能在实现绩效目标和遵循《准则》方面，主要采用对项目审计计划、审计工作底稿和项目结果等督导的方法进行监督。通过这些方法可以发现缺陷或需要改进的领域，并制订行动计划加以解决。首席审计执行官可设计模板或电子工作底稿，供内部审计人员在整个审计过程中使用，以确保审计工作方法的标准化和统一性。

适当的项目督导是质量保证和改进程序的基本要素。督导从计划开始，并贯穿项目实施全过程。督导可以包括提出要求，鼓励项目组成员在项目实施全过程中保持沟通，以及及时审核和签批工作底稿。（参见**标准 12.3 监督和改进项目绩效**。）

常用于持续监督的其他方法包括：

- 核查表或自动化的工具，用于确认内部审计人员是否遵循既定的方法，并促进内部审计人员在内部审计实务中始终遵循《准则》。这些方法对于督导人员有限的内部审计职能尤为重要。
- 内部审计利益相关方对审计团队工作效率和效果的反馈。可以在项目完成之后立即征求意见，或通过调查工具或首席审计执行官与管理层之间的讨论，定期征求反馈意见，例如，每半年或每年一次。
- 其他对确定内部审计职能的效率和效果可能很有价值的指标包括：表明资源分配是否充分的指标（如预算与实际的差异）、项目完成的及时性、内部审计计划的完成情况以及利益相关方满意度调查。

除了确认《准则》的遵循情况外，持续监督还可以发现改进内部审计职能的机会。在这种情况下，首席审计执行官可以通过制订行动计划来把握这些机会。

定期自我评估

定期自我评估可以对《准则》和内部审计职能进行更全面、综合的检查。定期自我评估针对每项标准的遵循情况，而持续监督可以侧重于与项目实施相关的标准。定期自我评估可以由内部审计职能的资深成员、专门的质量保证团队、内部审计职能中已获得**国际注册内部审计师**®资格或熟悉《准则》的人员，或组织内其他部门具备审计胜任能力的人员进行。首席审计执行官应考虑让内部审计人员参与定期自我评估过程，以提高他们对《准则》的理解。

定期自我评估可使内部审计职能确认其是否遵循《准则》。在外部评估开展前进行并完成定期自我评估，可减少完成外部评估所需的时间和精力。

定期自我评估评价：

- 内部审计职能方法体系的适当性。
- 内部审计职能促进组织目标实现的程度。
- 内部审计业务和督导的质量。
- 满足利益相关方期望和实现绩效目标的程度。

开展定期自我评估的个人或团队评估内部审计职能对各项标准的遵循情况，可对内部审计职能利益相关方进行访谈和调查。通过这一过程，首席审计执行官可以评估内部审计职能方法体系的质量和遵循情况。

证明遵循性的示例

- 完成对支持性工作底稿复核、调查结果以及与内部审计职能效率和效果有关的绩效评价指标的核查表。
- 已完成定期评估的记录，包括计划、工作底稿和信函。
- 向董事会和管理层提交内部评估结果的报告和会议纪要。
- 记录持续监督和定期自我评估的结果，包括纠正行动计划。
- 为提高内部审计职能的效率、效果和《准则》遵循性而采取的行动。

标准 12.2　绩效评价

要求

首席审计执行官必须制定评价内部审计职能绩效的目标。首席审计执行官在制定绩效目标时，必须考虑董事会和高级管理层的意见和期望。

首席审计执行官必须制定绩效评价方法体系，以评估实现职能目标的进展情况，并促进内部审计职能的持续改进。

在评估内部审计职能的绩效时，首席审计执行官必须根据需要征求董事会和高级管理层的反馈意见。

首席审计执行官必须制订行动计划，以解决存在的问题并把握改进的机会。

执行标准的考虑因素

制定绩效目标对于确定内部审计职能是否按照《准则》履行职责并根据其战略实现改进至关重要。

制定绩效目标应考虑以下方面预期成果：

- 《全球内部审计准则》的原则。
- 内部审计章程。
- 内部审计战略。

首席审计执行官可确定重点突出的绩效目标体系并向董事会和高级管理层报告，同时保留一套内部审计职能管理方面更全面的绩效目标。应注意确定推进预期成果的绩效目标，并在以下方面保持平衡：利益相关方的期望、业务单元或组织范围的结论、人力资源需求、财务和运营效率以及学习和发展。

在确定绩效目标后，首席审计执行官应制定定量和定性目标，以跟踪实现绩效目标的进展情况。首席审计执行官应制定定期验证所报告目标的准确性，并提高绩效预期的方法。

首席审计执行官应跟踪解决问题和实现绩效目标机会的行动计划，并与董事会和高级管理层沟通。在制定绩效目标和评价指标时应考虑的绩效类别，示例包括：

- 预期根据内部审计职责和权限审查项目目标的覆盖范围。
- 业务部门或组织层面的内部审计结论涉及组织重要目标的程度。（参见**标准 11.3 沟通结果**。）
- 在内部审计职能部门的监督下，管理层完成的建议或行动计划取得预期成果的百分比。这一衡量标准并不完全反映内部审计职能的绩效。虽然内部审计职能可以跟踪建议或行动计划的执行情况，但管理层有责任完成这些行动并确保取得预期成果。（参见**标准 15.2 确认建议或行动计划的执行情况**。）
- 接受检查的组织关键风险和控制措施的百分比。
- 利益相关方对项目目标的理解、项目开展的及时性以及项目结论明确的满意度。
- 按时完成内部审计计划（经调整和批准）的百分比。
- 对于内部审计战略、内部审计计划中确认和咨询业务的平衡。
- 确认内部审计职能遵循《准则》的外部质量保证检查。
- 确认有足够的能力实施预定的内部审计项目的质量保证检查。
- 与内部审计战略和组织发展中的风险相关联的内部审计人员学习和发展计划。
- 持有至少一项与内部审计相关的公认职业资格的员工。

证明遵循性的示例

- 确定对内部审计职能履行《准则》的原则、内部审计章程和内部审计职能战略影响最大的绩效目标。

- 针对跟踪绩效目标的绩效措施和这些措施各自的目标。
- 针对已确定的问题和机会制订行动计划，实现已确定的绩效目标。

标准12.3　监督和改进项目绩效

要求

首席审计执行官必须制定并应用项目督导、质量保证和能力发展的方法。

- 首席审计执行官必须在项目实施的全过程为内部审计人员提供指导，审核工作方案的完整性，并确认项目工作底稿能够充分支持审计发现、结论和建议。
- 为确保质量，首席审计执行官必须审核项目的实施是否遵循《准则》和内部审计职能的方法体系。
- 为了提升能力，首席审计执行官必须向内部审计人员提供有关其绩效和改进机会的反馈。

所需督导程度取决于内部审计职能的成熟度、内部审计人员的熟练程度和经验以及业务的复杂程度。

首席审计执行官负责项目督导，无论项目是由内部审计人员还是其他服务提供方实施。督导职责可以委托给适当的合格人员，但首席审计执行官仍负有最终责任。

首席审计执行官必须确保根据内部审计职能的既定方法体系，记录和保留督导证据。

执行标准的考虑因素

在制订项目计划时，首席审计执行官或指定的项目负责人应当审核项目目标。督导还可包括员工发展机会，如实施项目的内部审计人员与首席审计执行官之间的审后会议。

评估内部审计人员的技能是一个持续的过程，不仅局限于审核项目工作底稿。根据技能评估的结果，首席审计执行官可以确定哪些内部审计人员有资格开展项目督导工作，并据此分配任务。

在计划阶段，项目的负责人批准项目工作方案，并可承担项目其他方面的工作。（参见**原则13 有效计划项目**及相关标准。）

批准项目工作方案的主要标准是看它是否有效地实现了项目目标。项目工作方案包括识别、分析、评估和记录项目信息的流程。项目督导还包括监督项目工作方案的完成情况，并批准工作方案的变更。

项目负责人应与指定执行项目的内部审计人员以及审计对象管理层保持持续沟通。项目负责人审核项目工作底稿，工作底稿包括了项目实施期间执行的审计程序、识别的信息以及发现和初步结论。项目负责人评价信息、测试以及由此产生的证据是否相关、可靠并足以实现项目目标和支持项目结论。对于没有专门审计人员进行督导和持续监督的内部审计职能，首席审计执行官可考虑使用核查表或其他自动化工具等方式，以帮助监督每个项目是否遵循《准则》。

标准11.2 有效的沟通要求项目沟通应当准确、客观、清晰、简明、建设性、完整和及时。由于工作底稿记录了开展项目沟通的主要证据，项目负责人应当审查项目沟通和工作底稿中的这些内容。

在项目实施期间，项目负责人和/或首席审计执行官会与指定实施项目的内部审计人员会面并讨论项目流程，这是培训、培养和评估内部审计人员的机会。在检查项目沟通和工作底稿时，项目负责人可要求提供更多证据或说明。内部审计人员可以通过回答项目负责人提出的问题来改进其工作。

通常情况下，一旦提供了充分的证据，或者工作底稿中补充完善了相关信息，解决了项目负责人的关注点和问题，项目负责人的审核记录就可以从最终文档中清除。或者，内部审计职能可以保留一份单独的记录，记录项目负责人的审核说明、为解决这些问题所采取的步骤以及这些步骤的结果。

首席审计执行官对所有审计项目以及项目实施过程中作出的重大职业判断负责，无论这些工作是由内部审计职能还是其他确认服务提供方实施。首席审计执行官制定各种方法，以尽量减少内部审计人员作出的判断与首席审计执行官的职业判断不一致，或采取与首席审计执行官的职业判断不一致的行动，从而可能对审计工作产生不利影响的风险。首席审计执行官确定解决职业判断分歧的方法。这可能包括讨论相关的分歧，进行更多调查或研究，在工作底稿中记录不同观点和结论。如果对道德问题的职业判断有分歧，可将问题提交给组织内负责道德事务的专门人员。

证明遵循性的示例

- 附有督导记录的项目工作底稿。
- 完成支持性工作底稿复核的核查表。
- 访谈和调查结果，包括内部审计人员和直接参与项目的其他人员对项目的经验反馈。
- 项目负责人和内部审计人员就项目工作进行沟通的记录。

领域五：
实施内部审计业务

实施内部审计业务要求内部审计人员有效计划项目，开展项目审计以提出审计发现和结论，与管理层合作以确定解决审计发现的建议和/或行动计划，并在项目实施全过程和结束后与管理层和负责审计对象的员工保持沟通。

尽管有关实施审计业务的标准是按一定顺序排列的，但实际实施的步骤并不一定总是截然分明的、连续的或按顺序的。实务中，不同项目实施步骤的顺序也可能有所不同，可能存在重叠或迭代的情况。例如，项目计划包括收集信息和评估风险，而这两个步骤可能会贯穿项目的整个过程。每个步骤都可能影响另一个步骤或者整个项目。因此，内部审计人员在开始实施项目之前应当查阅并理解本领域的所有标准。

内部审计服务包括提供确认服务、咨询服务或两者兼有。无论是提供确认或咨询服务，内部审计人员在实施业务时都须应用并遵循《准则》，除非其他标准中另有规定。

确认服务旨在为组织的利益相关方（特别是董事会、高级管理层和审计对象的管理层）提供对治理、风险管理和控制过程的信心。在确认服务中，内部审计人员对审计对象的现状与一系列评价标准之间的差异进行客观评估。内部审计人员评估差异，以确定是否存在需报告的审计发现，并报告有关项目结果的结论，包括报告控制过程是否有效。

内部审计人员可以按照董事会、高级管理层或某个部门或业务管理层的要求启动或开展咨询服务。咨询服务的性质和范围需与需求方协商确定。咨询服务的示例包括就新政策、流程、系统或产品的设计和实施提供建议，提供法证服务，提供培训，以及促进有关风险和控制的讨论等。在开展咨询服务时，内部审计人员不应承担管理责任以保持客观性。例如，内部审计人员可以通过单个项目提供咨询服务，但如果首席审计执行官承担了内部审计以外的职责，则必须采取适当的保障措施以保持内部审计职能的独立性。（参见**标准 7.1 组织上的独立性**。）

内部审计服务按照首席审计执行官确立的方法体系实施。（参见**标准 9.3 方法体系**。）首席审计执行官可以将适当的职责委托给内部审计职能中其他合格的审计人员，但仍需承担最终责任。

原则13　有效计划项目

> 内部审计人员采用系统、规范的方法开展项目的计划工作。

《全球内部审计准则》和首席审计执行官确立的方法体系是内部审计人员运用系统、规范的方法开展项目计划的基础。内部审计人员有责任在项目实施的各个阶段进行有效沟通。

计划项目首先要了解对该项目的最初期望以及该项目被纳入内部审计计划的原因。在计划项目时，内部审计人员要收集信息，以便了解组织和审计对象，并评估与审计对象相关的风险。风险评估有助于内部审计人员进行风险识别与排序，以确定项目目标和范围。内部审计人员还应确定开展项目所需的评价标准和资源，并制定项目工作方案，说明需要执行的具体工作步骤。

标准13.1 项目沟通

要求

内部审计人员必须在项目全过程中进行有效沟通。（参见**原则11 有效沟通**及相关标准和**标准15.1 项目结果沟通**。）

内部审计人员必须与管理层沟通项目的目标、范围和时间安排。后续变更必须及时与管理层沟通。（参见**标准13.3 项目目标和范围**。）

在项目结束时，如果内部审计人员和管理层对项目结果意见不一致，内部审计人员必须与审计对象的管理层讨论并尝试就意见分歧达成共识。如果无法达成共识，除非有正当理由，否则内部审计人员没有义务更改项目结果的任何部分。内部审计人员必须遵循既定的审计方法，允许双方就项目结果沟通的内容以及对项目结果存在意见分歧的原因表达立场观点。（参见**标准9.3 方法体系**和**标准14.4 审计建议和行动计划**。）

执行标准的考虑因素

项目沟通可包括与审计对象管理层的初步沟通、持续沟通、离场沟通和最终沟通。项目类型可能会影响所需的沟通。为确保沟通的有效性，应当综合使用多种方法：正式、非正式、书面和口头。项目沟通可以通过例会、演示文稿、电子邮件和其他文件以及非正式讨论等进行。对项目沟通的质量和内容的要求，首席审计执行官应当根据董事会和高级管理层的期望来确定，并在内部审计方法体系中予以体现。（参见**标准9.3 方法体系**和**标准11.2 有效的沟通**。）

持续沟通的程度取决于项目的性质和时长，可以包括：

- 项目通知。
- 讨论项目风险评估、目标、范围和时间安排。
- 提出实施项目的信息和资源需求。
- 确定进一步开展项目沟通的需求。
- 提供项目进展的最新情况，包括要求立即关注的治理、风险管理或控制问题，以及项目的范围、目标、时间安排或时长的变化。
- 项目结果，包括审计发现、建议和/或管理层为解决发现问题而制订的行动计划。
- 实施建议和/或行动计划的时间安排和责任人。

内部审计人员应提前通知适当的利益相关方，通常包括管理层和相关员工，为合作和开放式对话奠定基础。内部审计人员应当根据首席审计执行官制定的政策来确定发出通知的时间和类型。通知应告知管理层检查的原因，它还应告知管理层建议的开始时间和项目的大致持续时间，以便制定一个与审计对象其他重大事件不冲突的计划时间表。此外，内部审计人员应要求审计对象提供评估风险和开始制定工作方案所需的信息和书面记录。

另一种常见的初步沟通是项目启动会议或进场会议。在开展项目风险评估后，内部审计人员应当将结果与审计对象管理层进行沟通。他们还应该沟通初始项目目标和范围，最好采用会议形式。通过开展讨论，内部审计人员能够确认审计对象管理层了解并支持项目目标、范围和时间安排。讨论还可以使各方对项目实施方式进行必要的调整，并确定进一步沟通的需求，包括沟通频率以及最终结果沟通的接受人员。内部审计人员应当将这些沟通内容记录在项目工作底稿中。

在项目实施全过程，内部审计人员与审计对象管理层之间的持续沟通，对于传递需要立即关注的信息，以及向相关方提供有关项目进展或者目标与范围变化的最新信息至关重要。持续沟通提供了透明度，从而有助于内部审计人员和审计对象管理层识别和解决任何误解或分歧。

根据项目类型，内部审计人员可进行离场沟通（也称“离场会议”），这是内部审计人员、审计对象管理层和相关员工在项目结果沟通之前最终确定项目结果的机会。离场沟通为管理层和内部审计人员讨论有关项目结果的任何异议或分歧并达成一致提供了机会。

讨论内部审计人员建议或管理层行动计划的可行性可包括考量成本，例如风险的严重程度与实施建议或行动计划的益处之间的比较。（参见**标准14.4 审计建议和行动计划**。）离场沟通之前管理层的行动计划可能尚未完全制定，但管理层可能对解决审计发现将采取的行动已有初步想法。即使管理层尚未完全制订行动计划，也可以对初步计划进行讨论和评价。讨论后，管理层可以确定其行动计划、预计的实施时间以及负责实施行动的人员。

证明遵循性的示例

- 项目全过程所要求的沟通记录（电子邮件、会议纪要、笔记或备忘录）。
- 从审计对象管理层收到的反馈记录（例如问卷调查的结果）。

标准13.2 项目风险评估

要求

为了评估相关风险，内部审计人员必须了解审计对象。对于咨询服务，根据与有关利益相关方的约定，可以不需要开展正式的、有记录的风险评估。

为获得充分了解，内部审计人员必须识别和收集有关以下内容的可靠、相关和充分的信息：

- 审计对象的组织战略、目标和风险。
- 组织的风险容忍度（如已确定）。
- 支持内部审计计划的风险评估。
- 审计对象的治理、风险管理和控制过程。
- 可用于评价这些流程有效性的适用框架、指南和其他评价标准。

内部审计人员必须查阅收集到的信息，以了解流程是如何运行的。

内部审计人员必须通过以下方式确定要核查的风险：

- 识别审计对象的目标面临的潜在重大风险。
- 考虑与舞弊相关的特定风险。
- 评估风险的重要性并确定对风险核查的顺序。

内部审计人员必须确定管理层用来衡量审计对象是否实现其目标的评价标准。

如内部审计人员在以往项目中已识别审计对象的相关风险，只需对以往项目风险评估进行审查和更新。

执行标准的考虑因素

内部审计人员在制订计划时应当咨询项目负责人。

为了解审计对象并评估相关风险，内部审计人员应当首先了解内部审计计划、计划编制过程的讨论内容以及该项目纳入计划的原因。列入内部审计计划的项目可能源自内部审计职能对组织范围内的风险评估或利益相关方的要求。

当内部审计人员启动项目时，他们应当考虑该项目涉及的风险，并调查自内部审计计划制订以来是否发生过任何变化。查阅组织范围内的风险评估和近期开展过的任何其他风险评估（例如管理层完成的风险评估）有助于内部审计人员识别与审计对象相关的风险。内部审计人员应当了解利益相关方对项目的目的、目标和范围的各种期望。

内部审计人员应当检查组织与审计对象之间的一致性。内部审计人员收集并考虑组织在治理、风险管理和控制方面的战略和流程，以及组织目标、政策和程序等信息。然后，在开始项目风险评估时，内部审计人员应当考虑组织的这些方面与审计对象以及项目的关系。

为了收集信息，内部审计人员可以：

- 查阅内部审计职能、管理层或外部服务提供方近期开展过的风险评估。应考虑与合规、财务报告、运营或绩效、舞弊、信息技术、战略和内部审计计划有关的目标。
- 查阅内部审计职能和其他确认和咨询服务提供方（如财务、环境、社会责任和治理）以前完成的项目结果。
- 查阅以往项目的工作底稿。
- 查阅参考资料，包括 IIA 和其他机构的权威指南和其他标准，以及与组织所在的领域、行业和国家（地区）相关的法律和法规。
- 考虑组织的相关风险类别，包括战略、运营、财务和合规。
- 考虑风险容忍度（如已确定）。
- 根据组织架构图和岗位说明，确定负责审计对象相关信息、流程和其他方面内容的人员。
- 检查审计对象的实物资产。
- 检查来自信息所有者或外部的文件资料，包括管理层的政策、程序、流程图和报告。
- 检查网站、数据库和系统。
- 通过访谈、讨论或调查进行询问。
- 观察流程的运行。

• 与其他确认和咨询服务提供方会面。

调查、访谈、实地检查和流程穿行测试都使内部审计人员能够观察审计对象的现状。

为了实施项目风险评估，内部审计人员通过收集到的信息了解和记录审计对象的目标、可能影响每个目标实现的风险以及旨在管理每个风险的控制措施。（参见**标准 14.6 项目文档**。）

内部审计人员可以编制图表、电子表格、风险和控制矩阵、流程说明或其他工具以记录风险和管理这些风险的控制。此类记录使内部审计人员能够运用职业判断、经验和逻辑来考虑对审计对象所收集的信息，并综合考虑影响、可能性和其他风险因素，初步估计风险的重要性。

确定风险的重要性要求内部审计人员运用知识、经验和批判性思维，对组织、审计对象以及项目目的和背景作出判断。作为应有的职业审慎的一部分，内部审计人员应当考虑审计对象管理层的意见，深入了解业务目标、重大风险和控制。对审计对象的风险达成共识可以提高项目风险评估的有用性。

项目实施中，应当根据重要性对相关风险进行排序。通常做法是，根据风险发生的可能性和潜在影响，在风险热图等图表上标记风险。此类记录应当纳入项目工作底稿。对于最重大的风险，评估控制设计的适当性有助于内部审计人员确定继续测试哪些控制措施运行的效果。

如果使用风险和控制矩阵，通常在项目实施过程中编制。在项目测试阶段，矩阵可用于记录风险事件、控制及其类型（即预防性、检查性、指导性或纠正性）、原因、影响（后果）以及剩余风险评估。

证明遵循性的示例

记录以下内容的工作底稿：

- 组织战略、目标和风险。
- 审计对象的目标。
- 审计对象的治理、风险管理和控制过程。
- 组织架构图和岗位说明。
- 直接观察或检查的记录和/或照片。
- 审计对象的政策和程序。
- 相关法律法规和合规评估记录。
- 从网站、数据库和系统收集的相关信息。
- 访谈、讨论或调查的记录。
- 以往完成的风险评估和项目以及其他确认服务提供方工作的相关信息。
- 每项风险的重要性和控制设计的适当性。

标准13.3　项目目标和范围

要求

内部审计人员必须确定并记录项目的目标和范围。

项目目标必须明确项目的目的，并说明要实现的具体目标，包括法律法规的要求。

范围必须确立项目的重点和界限，具体说明需要检查的活动、地点、流程、系统、组成部分、项目要涵盖的时间范围以及其他要素，并足以实现项目目标。

内部审计人员必须考虑项目的类型是提供确认服务还是咨询服务，因为利益相关方的期望和《准则》的要求因项目类型而异。

一旦发现存在对范围的限制，必须与管理层讨论，以期加以解决。对于确认服务，范围限制指妨碍内部审计人员按照项目工作方案开展工作的实际状况，例如资源限制或对人员、设施、数据和信息访问的限制。（参见**标准 13.5 项目资源**。）

如果无法与管理层达成一致意见，首席审计执行官必须按既定的审计方法将范围限制问题提交给董事会。

在项目实施过程中，内部审计人员必须具备灵活性，以便在必要的情况下修改项目目标和范围。

首席审计执行官必须批准项目目标和范围，以及项目实施期间发生的任何变化。

执行标准的考虑因素

确认项目的目标和范围主要由内部审计人员决定，而咨询项目的目标和范围则通常由内部审计人员和审计对象的管理层共同决定。

内部审计人员应当使项目目标与审计对象以及组织目标保持一致。项目实施前，适当确定项目目标和范围，可使内部审计人员：

- 根据项目风险评估的结果，将工作重点放在与审计对象相关的风险上。（参见**标准 13.2 项目风险评估**。）
- 制定项目工作方案。
- 避免重复工作或不能增加价值的工作。
- 确定项目时间表。
- 为完成项目配置适当和充足的资源。（参见**标准 13.5 项目资源**。）
- 与管理层和董事会进行清晰的沟通。

确认项目的重点是确认控制设计是否适当，其运行是否足以对可能妨碍审计对象实现目标的风险加以管理。项目目标决定了项目实施过程中对控制过程和系统的测试重点，这些措施旨在管理以下方面的风险：

- 权力和责任的分配。
- 遵守政策、计划、程序、法律和法规。
- 报告准确、可靠的信息。
- 有效和高效地利用资源。
- 保障资产安全。

确立项目目标后，内部审计人员应当运用职业判断确定项目的范围，并在必要时咨询项目负责人。范围必须足够广泛，足以实现项目目标。在确定范围时，内部审计人员应当单独考虑项目目标，确保每个目标都可以在范围内实现。

内部审计人员应当考虑项目利益相关方要求将项目纳入或排除在审计范围之外或限制项目的时长是否构成范围限制。

证明遵循性的示例

- 项目计划备忘录。
- 体现以下内容的项目工作底稿：
  - 目标与项目风险评估的一致性。
  - 实现项目目标的范围。
  - 包含项目目标和范围且获得批准的项目工作方案。
  - 与利益相关方沟通项目目标和范围的会议纪要。
  - 范围限制以及项目利益相关方对于要包含或排除事项的要求。
  - 项目结果沟通。

标准13.4 评价标准

要求

内部审计人员必须确定最具相关性的评价标准，以评价项目目标和范围中确定的审计对象的各个方面。对于咨询服务，根据与有关利益相关方的约定，可以不需要确定评价标准。

内部审计人员必须评估董事会和高级管理层在多大程度上制定了适当的评价标准，以确定审计对象是否实现了其目的和目标。如果评价标准适当，内部审计人员必须在其评估中使用这些标准。反之，内部审计人员必须与董事会和/或高级管理层讨论、确定适当的评价标准。

执行标准的考虑因素

作为收集信息和计划项目的一部分，内部审计人员需确定组织用于评价审计对象的治理、风险管理和控制过程效果和效率的标准。内部审计人员应当重点关注与项目最相关的评价标准。这些标准应当体现对审计对象的期望，并且是具体和实用的。内部审计人员将标准与实际状况（现状）比较。例如，如果项目目标是评价审计对象控制过程的有效性，则评价标准可以是审计对象控制过程的预期结果或效果，而实际效果反映现实状况。

适当的评价标准对于发现期望状态与现状之间的差异（即潜在发现）至关重要。此外，适当的评价标准对于确定发现的重要性进而得出有意义的结论也是必要的。内部审计人员运用职业判断确定组织的评价标准是否适当。适当的评价标准与组织和审计对象的目标相关且一致，并能进行可靠的比较。适当的评价标准示例包括：

- 内部（政策、程序、关键绩效指标或审计对象的目标）。
- 外部（法律、法规和合同义务）。
- 权威实践（有关特定行业、活动或专业的框架、标准、指南和对标信息）。
- 组织内的惯例。
- 控制设计的期望。

• 未正式记录的程序。

在评估评价标准的适当性时，内部审计人员应当确定组织是否已经确立了适当的治理、风险管理和控制过程的基本原则。内部审计人员应当考虑组织是否已经采纳并明确阐述风险容忍度，包括各个业务单元、职能或流程的重要性阈值。内部审计人员应当确定组织是否采取或明确提出了令人满意的控制水平。例如，“满意”可指一个控制目标内一定比例的交易按照既定控制程序执行，也可能指全部控制的一定比例按照预期执行。

此外，内部审计人员应当研究推荐性做法，并将管理层的评价标准与其他组织使用的标准进行比较。内部审计人员需要运用职业判断确定最有利于实现项目目标的评价标准。内部审计人员可确认书面的政策、程序和/或其他评价标准不够详细或不充分。内部审计人员可以协助管理层确定适当的评价标准，或可以寻求专家意见来帮助确定或制定相关评价标准。管理层的评价标准总体上可能是适当的，但内部审计人员仍然可以针对项目提出更好的评价标准。

当审计对象使用的评价标准不适当或缺失时，内部审计人员可以建议管理层使用内部审计人员提出的标准。对缺乏适当评价标准的情况进行讨论后，可能会作出提供咨询服务的决定。

内部审计人员应当把项目过程中使用的评价标准通知审计对象管理层。应当对达成共识的评价标准加以记录，以防止审计对象管理层的误解或质疑。

证明遵循性的示例

- 记录相关评价标准的来源和评价标准是否适当的过程的工作底稿。
- 体现内部审计人员与审计对象管理层和/或董事会讨论评价标准的书面记录，如会议纪要、计划备忘录或电子邮件。

标准13.5　项目资源

要求

在制订项目计划时，内部审计人员必须确定实现项目目标所需资源的类型和数量。

内部审计人员必须考虑：

- 项目的性质和复杂性。
- 完成项目的时间范围。
- 可用的财务、人力和技术资源是否适当并足以实现项目目标。

如果现有资源不适当或不充足，内部审计人员必须与首席审计执行官讨论这些问题以获取资源。

执行标准的考虑因素

通常由主导和监督项目的内部审计人员在项目计划时确定和配置资源。为了确定项目所需的资源类型和数量，项目负责人应当了解在整个项目计划中收集和形成的信息，特别需要关注工作的性质和复杂性。项目负责人运用职业判断，根据为实现项目目标在项目工作方案里确定的步骤以及每个步骤预期需要花费的时间分配资源。（参见**标准 13.6 项目工作方案**。）考虑可能影响项目实施的制约因素也很重要，例如项目的预算工时、时间安排、保障性工作和多语言沟通。

在计划项目时，内部审计人员应考虑以最高效和最有效的方式使用可用的财务、人力和技术资源。项目负责人可以向首席审计执行官获取关于内部审计职能成员所具备的专业能力的信息，这有助于了解如何配置人员。计划项目需要确定可用资源是否适当且充足，或者是否需要获取其他资源才能完成项目。

当资源限制影响内部审计职能实现项目目标时，项目负责人负责将问题上报给首席审计执行官。首席审计执行官负责与高级管理层和董事会讨论资源限制的影响，并决定采取的行动方案。例如，当首席审计执行官无法获得必要的资源时，可能需要缩小项目范围。（参见**原则 10 管理资源**及其标准。）

为促进资源的有效使用，内部审计人员可对照预算工时记录项目实际使用的时间。查阅这些记录有助于改进未来的资源计划。

证明遵循性的示例

- 经批准的项目工作方案，表明安排了适当和充足的资源。
- 分析项目资源需求和资源配置情况的书面计划。
- 向审计对象管理层进行的审后问卷调查，了解及时性和资源充足性。
- 与外部服务提供方的合同和/或关系。

标准13.6 项目工作方案

要求

内部审计人员必须制定书面项目工作方案，以实现项目目标。

项目工作方案必须以项目计划过程中获取的信息为基础，如果可行的话，必须包括项目风险评估结果。

项目工作方案必须确定以下内容：

- 每个目标的评价标准。
- 实现项目目标所要执行的任务。
- 执行任务的审计方法（包括分析程序）和工具。
- 执行每项任务的内部审计人员。

首席审计执行官必须在项目工作方案实施前对其进行审核和批准，并在工作方案后续修改后立即审核和批准。

执行标准的考虑因素

在计划项目时，内部审计人员收集和整理信息以制定工作方案。项目工作方案以项目计划期间收集和处理的信息为基础，并详细说明内部审计人员实现项目目标，分析和评价信息以形成审计发现、建议和结论的任务和审计方法。对于咨询服务，工作方案应与提出需求的利益相关方合作制定。

计划阶段实施的工作通常记录在工作底稿中，并在工作方案中体现。（参见**标准 14.6 项目文档**。）工作方案应当包括填写完成工作的内部审计人员姓名、工作完成日期以及在工作完成时对已完成任务进行审核和批准的说明。

内部审计人员可以将项目风险评估中识别的风险和控制与将要实施的测试方法关联起来，以此来制定工作方案。随着分析和评价的开展，内部审计人员可以将风险和控制与审计发现和结论关联起来。

计划阶段的分析及其详细程度因内部审计职能和项目情况而异。如果要进行抽样，工作方案还应当包括抽样方法、总体、样本量以及是否可以通过结果推测到总体情况。

评价控制设计的充分性可以在项目计划阶段完成，因为它可以帮助内部审计人员清晰地确定要进一步测试有效性的关键控制。对控制设计充分性的评估应当记录在工作方案或单独的工作文件中。（参见**标准 14.6 项目文档**。）然而，开展此评价的最适当时间取决于项目的性质。如果控制设计评价没有在计划阶段完成，则可以作为项目实施的一个特定阶段进行，或者内部审计人员可以在执行控制有效性测试的同时评价控制设计。

证明遵循性的示例

支持工作方案编制的工作底稿，例如：

- 带有测试方法的风险和控制矩阵。
- 控制过程的流程图或描述。
- 评价控制设计充分性的说明。
- 追加测试的计划。
- 计划阶段确定任务和程序的会议记录、笔记或书面记录。
- 带有书面审批的完整的项目工作方案。
- 工作方案变更的书面审批记录。

原则14　实施项目

> 内部审计人员通过执行项目工作方案实现项目目标。

为执行项目工作方案，内部审计人员收集信息并进行分析和评价以形成证据。这些步骤使内部审计人员能够：

- 提供确认并识别潜在发现。
- 确定原因、影响和发现的重要性。
- 提出建议并/或与管理层合作制订行动计划。
- 形成结论。

标准14.1　收集用于分析和评价的信息

要求

为进行分析和评价，内部审计人员必须收集符合以下条件的信息：

- 相关性：与项目目标一致、在项目范围以内，并有助于形成项目结果。

- 可靠性：符合事实并且具有时效性。内部审计人员运用职业怀疑评价信息是否可靠。当信息具备以下特点时，可靠性更强：
    - 内部审计人员直接获取或从独立来源获取。
    - 已被证实的。
    - 从有效的治理、风险管理和控制过程的系统中收集。
- 充分性：当信息使内部审计人员能够进行分析和完成评价，以及能够使审慎、了解情况和胜任的人员通过重复执行项目工作方案得出与内部审计人员相同的结论时。

内部审计人员必须评估信息是否相关和可靠，是否足以为分析提供合理的依据，从而形成可能的审计发现和结论。（参见**标准 14.2 信息分析和潜在的审计发现**。）

当证据不相关、不可靠或不足以支持审计发现时，内部审计人员必须决定是否收集更多信息进行分析和评估。如果无法获得相关的证据，内部审计人员必须决定是否将此情况确定为审计发现。

执行标准的考虑因素

为完成项目工作方案中的每个步骤收集信息，内部审计人员要重点关注与项目目标相关且项目范围内的信息。在运用职业怀疑时，内部审计人员应当严格评估信息是否符合事实，是否具有时效性，是否直接（如通过观察）或从独立于审计对象负责人的来源获得。另一种提高可靠性的方法是将信息与多个来源的信息进行比较。

收集用于分析的信息的程序可以包括：

- 对参与活动的个人进行访谈或问卷调查。
- 直接观察处理过程，也称为穿行测试。
- 从独立于审计对象的个人那里获得对信息的确认或验证。
- 检查或审查书面记录、库存或设备等实物证据。
- 直接访问组织系统以观察或提取数据。
- 与系统用户和管理员共同获取数据。

在收集信息时，内部审计人员应考虑要测试完整的数据总体还是要测试具有代表性的样本。使用数据分析软件有助于测试完整的数据总体或有针对性的数据群体。如果内部审计人员选择抽取样本，则应当采取各种方法确保样本尽可能代表整个总体。

证明遵循性的示例

- 项目工作方案，其中包括收集与项目目标相关数据的程序。
- 对收集信息的说明，包括信息来源、收集日期以及所属期间。
- 有关内部审计人员如何确定所收集的信息足以用于分析的书面说明。

标准14.2　信息分析和潜在的审计发现

要求

内部审计人员必须分析相关、可靠和充分的信息，形成潜在的发现。对于咨询服务，根据与有关利益相关方的约定，可不必收集证据以形成发现。

内部审计人员必须对信息进行分析，确定评价标准与审计对象的实际状况（以下简称“现状”）之间是否存在差异。（参见**标准 13.4 评价标准**。）

内部审计人员必须通过在项目期间收集的信息和证据确定现状。

评价标准与现状之间的差异表明存在潜在的发现，必须加以注意并进一步评估。如果初步分析未能提供充分的证据支持潜在的发现，内部审计人员必须以应有的职业审慎来确定是否需要做进一步分析。

如果需要做进一步分析，工作方案必须进行相应调整并由首席审计执行官批准。

如果内部审计人员确定不需要做进一步分析，并且评价标准和现状之间没有差异，则内部审计人员必须在审计结论中确认审计对象的治理、风险管理和控制过程的有效性。

执行标准的考虑因素

项目工作方案可包括要进行具体分析的清单，例如：

- 对过程或活动的准确性或有效性的测试。
- 比率、趋势和回归分析。
- 当期信息与预算、预测或前期类似信息进行比较。
- 分析各组信息之间的关系（例如，财务信息，如工资支出记录，以及非财务信息，如员工平均人数的变化）。

- 内部对标，比较组织内不同领域的信息。
- 外部对标，与其他组织的信息进行比较。

内部审计人员应当了解并使用可提高分析效率和效果的技术，例如能够对整个总体而不仅仅是单个样本进行测试的应用软件。

分析应当对评价标准和实际状况进行有意义的比较。当分析表明评价标准和实际状况之间存在差异时，应当执行后续程序确定差异的原因和后果以及潜在发现的重要性。潜在发现的常见例子包括错误、异常、非法行为以及有待提升效率或效果的方面。

内部审计人员履行应有的职业审慎确定额外程序的范围和类型，这些程序应当用于评价潜在发现，并确定其原因、后果和重要性。首席审计执行官和内部审计方法可以为确定是否执行额外分析提供指导。考虑因素包括：

- 项目风险评估的结果，包括控制过程的充分性。
- 审计对象和潜在发现的重要性。
- 分析对潜在发现的支持程度。
- 进一步评价信息的可用性和可靠性。
- 执行额外分析的成本与效益的比较。

证明遵循性的示例

- 记录分析工作的底稿，包括使用的数据分析程序或软件、测试总体、抽样过程和抽样方法。
- 显示工作方案和/或项目结果沟通中交叉引用的工作底稿。

- 与项目结果沟通相关的书面记录。
- 项目督导。

标准14.3　审计评价

要求

内部审计人员必须评价每个潜在审计发现以确定其重要性。在评价潜在审计发现时，内部审计人员必须与管理层合作，尽可能查明根本原因，确定潜在后果，并评估问题的重要性。

为了确定风险的重要性，内部审计人员必须考虑风险发生的可能性，以及风险可能对组织的治理、风险管理或控制过程产生的影响。

如果内部审计人员确定组织面临重大风险，则必须将其作为审计发现进行记录并报告。

内部审计人员必须根据具体情况和既定的审计方法，决定是否将其他风险作为审计发现进行报告。

内部审计人员必须采用首席审计执行官制定的审计方法，根据每个审计发现的重要性确定其优先顺序。

执行标准的考虑因素

为形成审计发现，内部审计人员将既定的评价标准与审计对象的实际状况进行比较。（参见**标准14.2 信息分析和潜在的审计发现**。）如果两者存在差异，内部审计人员应进一步调查潜在审计发现。应查明以下方面：

- 差异的根本原因（通常与控制缺陷有关，也是该实际状况存在的直接原因）。在可行的情况下，内部审计人员应确定根本原因，即导致该实际状况的潜在或更深层次的问题。简而言之，确定根本原因需要提出一系列问题，以了解差异存在的原因。确定根本原因需要与管理层合作，因为管理层可能更了解造成差异的根本原因。
- 如何量化差异的影响。在许多情况下，风险程度是内部审计人员根据职业判断作出的估计，并参考审计对象管理层的意见。（参见**原则4 履行应有的职业审慎**及其标准。）

为确定审计发现的重要性。内部审计人员确定和评估现有控制设计的充分性和有效性，然后确定剩余风险水平，即尽管有控制措施，但仍然存在的风险。虽然要求内部审计人员将重大风险作为审计发现进行报告，但内部审计人员也可以将其他风险作为审计发现或以其他方式进行报告。

内部审计人员按照首席审计执行官制定的审计方法对审计发现进行优先排序，以确保所有项目此类做法的一致性。评级或排序可以作为有效的沟通工具，用于说明每个审计发现的重要性，并有助于管理层确定其行动计划的优先顺序。在确定重要性时，内部审计人员应当考虑：

- 风险的影响和可能性。

• 风险容忍度。

• 对组织重要的其他因素。

首席审计执行官可提供模板供内部审计人员记录审计发现，以确保适当记录各项要素，例如：

• 评价标准。

• 实际状况。

• 根本原因（如有可能）。

• 后果（风险或潜在风险）。

• 重要性和优先级。

审计发现应当简明扼要，通俗易懂，以便审计对象管理层理解内部审计人员的评价。审计发现应当说明实际状况与评价标准之间的差异，并应提供有记录的证据，以支持内部审计人员对审计发现重要性的评价和判断。

证明遵循性的示例

• 说明评价审计发现所用标准的工作底稿。

• 列出评价标准、实际状况、根本原因（如有可能）、后果（风险或潜在风险）以及每个审计发现的优先级的工作底稿。

• 工作底稿或其他书面记录，说明作为审计发现分析基础的重要性水平、风险容忍度和成本效益分析要素。

• 相关内部审计方法、模板和指南。

• 与项目结果沟通相关的书面记录。

标准14.4 审计建议和行动计划

要求

内部审计人员必须确定，是提出审计建议、要求管理层制定行动计划；还是与管理层就以下措施共同商定：

- 解决既定评价标准与实际状况之间的差异。
- 降低已识别的风险至可接受的水平。
- 探究审计发现的根本原因。
- 增强或改进审计对象。

提出审计建议时，内部审计人员必须与审计对象管理层讨论建议。

如果内部审计人员和审计对象管理层对建议和/或行动计划存在分歧，内部审计人员必须遵循既定审计方法，让双方表达各自的立场和理由并确定解决方案。（参见**标准9.3 方法体系**。）

执行标准的考虑因素

内部审计人员应立即与有责任对审计对象进行整改及监督整改的管理层讨论审计发现和拟提出的建议或行动计划。首席审计执行官可制定审计方法，帮助内部审计人员确定适当的管理层。例如，该方法可要求只有特定的角色或级别（如经理、总监或副总裁）才拥有此类权力。

如果针对审计发现确定了具体的整改措施，内部审计人员可将其作为建议进行沟通；或者，内部审计人员可以提出几种备选方案供管理层考虑。在某些情况下，内部审计人员可以建议管理层研究各备选方案并确定适当的行动方案。一个审计发现可以有多项建议或整改措施。

如果内部审计人员和审计对象管理层对项目结果存在分歧，首席审计执行官应与高级管理层共同研究解决。此外，各方的正式说明可作为项目结果沟通的附录或者根据有关要求提供。

内部审计人员应当评估并与管理层讨论建议和/或行动计划的可行性和合理性。评估应包括成本效益分析，并确定建议和/或行动计划是否按照组织的风险容忍度令人满意地解决了风险问题。

虽然内部审计人员必须与管理层协商如何解决审计发现，但采取行动解决发现是管理层的责任。（参见**标准 15.1 项目结果沟通**。）

证明遵循性的示例

- 每个审计发现的工作底稿，包括评价标准、实际状况、根本原因（如有可能）、后果（风险或潜在风险）以及建议和/或行动计划。
- 证明与管理层就审计发现以及建议和/或行动计划的可行性进行讨论的笔记、工作底稿或其他书面记录。
- 与项目结果沟通相关的书面记录。

标准14.5 审计结论

要求

内部审计人员必须形成审计结论，概括说明与项目目标及管理层目标相关的项目结果。审计结论必须概括内部审计人员汇总审计发现后对总体上的重要性的职业判断。

确认项目的审计结论必须包括内部审计人员对审计对象的治理、风险管理和/或控制过程的有效性的判断，包括对治理、风险管理和/或控制过程在什么条件下有效确认。

执行标准的考虑因素

首席审计执行官制定的内部审计方法可提供评价量表，说明是否存在有关控制有效性的合理保证。例如，根据内部审计人员的评估，量表可显示满意、部分满意、需要改进或不满意。（参见**标准14.3 审计评价**。）

审计结论可补充说明有关审计发现对审计对象及其组织的影响。例如，某些审计发现可能在审计对象层面对其目标实现或风险管理产生重大影响，但在组织层面则不会产生重大影响。

咨询项目的结论应与其目标和范围保持一致。

证明遵循性的示例

- 记录项目总体结论依据的工作底稿。
- 在项目结果沟通中的结论陈述。

标准14.6　项目文档

要求

内部审计人员必须记录支持项目结果的信息和证据。与项目相关的分析、评价和支持信息必须予以记录，以便了解情况、审慎的内部审计人员或类似的了解情况和胜任的人员可以通过重复工作得出相同的项目结果。

内部审计人员和项目负责人必须检查项目文档的准确性、相关性和完整性。首席审计执行官必须检查并批准项目文档。内部审计人员必须根据相关法律和/或法规以及内部审计职能和组织的政策和程序保留项目文档。

执行标准的考虑因素

通过工作底稿记录审计项目是系统化和规范化工作流程的重要组成部分，它以能够重新执行工作并支持项目结果的方式组织项目信息。项目文档是督导内部审计人员工作的基础，首席审计执行官和其他人员能够据此评价内部审计职能的工作质量。项目文档也可证明内部审计职能对标准的遵循。

项目书面记录应当包括：

- 项目的日期或期间。
- 项目风险评估。
- 项目目标和范围。
- 工作方案。
- 分析说明，包括具体程序和数据来源。
- 项目结果。
- 执行和督导人员的姓名或姓名缩写。
- 与有关各方沟通的证据。

工作底稿可以根据工作方案中确定的结构顺序进行组织，并与相关信息交叉索引。可使用模板或软件编制工作底稿，并建立项目文档保存系统。由此形成能够完整收集已经获取的信息、完成的程序、项目结果以及每个步骤的逻辑依据的项目文档。此项目文档是支持内部审计人员与利益相关方（包括董事会、高级管理层和审计对象管理层）沟通的主要信息来源。最重要的是，工作底稿包含相关、可靠和充分的信息，使审慎、了解情况和胜任的人员（如另一名内部审计人员或外部审计人员）能够得出与执行该项目的内部审计人员相同的结论。

常见的工作底稿包括：

- 计划文档。
- 关键过程的过程图、流程图或文字说明。

- 已完成的访谈或发布的问卷调查的摘要。
- 风险和控制矩阵。
- 执行的测试和分析的详细情况。
- 结论，包括交叉索引至工作底稿里的审计发现。
- 建议开展的项目后续跟进工作。
- 有管理层回复的项目结果沟通。

工作底稿的基本格式：

- 索引或编号。
- 标明审计对象的名称或标题。
- 项目的日期或期间。
- 工作范围。
- 获取和分析数据的目的说明。
- 工作底稿中涉及的数据来源。
- 描述所评估的总体，包括样本量和用于分析数据的选择方法（测试方法）。
- 开展项目的内部审计人员姓名。
- 复核批注以及复核人员的姓名。

证明遵循性的示例

- 记录根据既定审计方法所做工作的工作底稿。
- 验证是否符合工作底稿和督导政策要求的内部质量评估审核结果。

原则15　沟通项目结果和监督行动计划的执行情况

> 内部审计人员就项目结果与适当各方进行沟通，并监督管理层落实建议或行动计划的进展。

内部审计人员负责在完成项目后进行项目结果沟通，并与管理层就项目结果进行沟通。内部审计人员应进一步与审计对象管理层沟通，以确认行动计划得到实施。

标准15.1　项目结果沟通

要求

对于每个项目，内部审计人员必须进行项目结果的沟通，其中包括项目的目标、范围、建议和/或行动计划（如果适用），以及结论。

确认项目的项目结果还必须包括：

- 审计发现及其重要性和优先级。

- 范围受限的说明（如有）。
- 审计对象的治理、风险管理和控制过程有效性的结论。

项目结果必须明确负责解决审计发现的人员和行动计划完成的日期。

如果内部审计人员在项目结果沟通之前了解到管理层已启动或完成了解决审计发现的行动，则必须在项目结果中确认这些行动。

如**标准 11.2 有效的沟通**中所述，项目结果必须准确、客观、清晰、简明、建设性、完整和及时。

内部审计人员必须确保项目结果在签发之前经首席审计执行官审核与批准。

首席审计执行官必须将项目结果分发给能够确保对结果进行适当考虑的相关各方。（参见**标准 11.3 沟通结果**。）

如果项目执行未能遵循《准则》，项目结果中必须披露有关未遵循的以下详细信息：

- 未遵循的标准。
- 未遵循的原因。
- 未遵循对审计发现和结论的影响。

执行标准的考虑因素

项目结果中应当包含项目执行遵循了**《全球内部审计准则》**的声明。只有在得到业务督导以及质量保证和改进程序的结果证实的情况下，说明内部审计项目已遵循标准才是适当的。

项目结果的风格和格式因组织而异。首席审计执行官可以提供模板和程序。

项目结果可以签发多个版本，根据特定受众对审计对象的了解程度、审计发现和结论对他们的影响以及他们计划如何使用这些信息来定制其格式、内容和详细程度。

作为报告签发时，除前述要求，项目结果还可以包括以下组成部分：

- 标题。
- 背景（审计对象简介）。
- 认可（审计对象的积极方面和/或对合作的感谢）。
- 分发名单。

对项目结果的审核应核实：

- 执行和记录的工作符合项目目标和范围以及《准则》的要求。（参见**标准8.3 质量**和**标准12.1 内部评估**。）
- 项目结果表述清晰，并有相关、可靠和充分的信息支持。（参见**标准14.1 收集用于分析和评价的信息**。）
- 已满足与审计对象管理层沟通的要求。

首席审计执行官决定如何以及向谁分发项目结果。口头报告通常附有相关报告的电子版或印刷版和/或书面报告。

证明遵循性的示例

- 书面项目结果。
- 项目结果沟通为口头方式时的演示文稿和/或会议记录。

- 表明项目结果已审查并批准的书面记录。
- 表明与审计对象沟通的要求已满足的书面记录。

标准 15.2 确认建议或行动计划的执行情况

要求

内部审计人员必须确认管理层遵循既定的审计方法已经实施了内部审计人员的建议或管理层的行动计划，该审计方法包括：

- 询问实施情况的进展。
- 使用基于风险的方法执行后续评价。
- 在跟踪系统中更新管理层的行动情况。

这些程序的执行程度必须考虑审计发现的重要性。

如果管理层没有按照既定的完成日期在行动方面取得进展，内部审计人员必须获取并记录管理层的解释，并与首席审计执行官讨论该问题。首席审计执行官负责确定高级管理层是否已接受由延迟或不采取行动导致的超过风险容忍度的风险。（参见**标准 11.5 沟通对风险的接受**。）

执行标准的考虑因素

内部审计人员可以使用软件程序、电子表格或系统来跟踪管理层的行动计划是否按照既定的时间表实施。跟踪系统反映行动计划是否仍然未完成或逾期，并为内部审计人员与董事会和高级管理层沟通提供了有用的工具。此外，程序或系统可以实现从风险评估到行动计划完成的工作流程自动化。例如，工作流程可以包括自动发送电子邮件，通知相关各方行动计划即将逾期。

确认管理层行动计划实施情况的审计方法应包括，确定何时开展后续评价以确认管理层行动计划已有效解决审计发现的评价标准。可根据风险的重要性，有选择地对已完成的行动计划进行后续评价。在某些情况下，监管机构可能会要求报告管理层的行动计划。

如果管理层决定实施替代行动计划，并且内部审计人员认为替代计划令人满意或优于原行动计划，则应跟踪替代计划的进展情况，直至完成。

证明遵循性的示例

- 定期更新的跟踪系统（例如，电子表格、数据库或其他工具），其中包含审计发现、相关整改行动计划和内部审计的确认。
- 为董事会和高级管理层编写的整改措施执行情况报告。

全球内部审计准则在公共部门的应用

虽然**《全球内部审计准则》**适用于所有内部审计职能，但公共部门的内部审计人员是在治理、组织和资金结构可能不同于私营部门的政治环境中开展工作。内部审计职能所属的国家（地区）和政府层级可能对上述结构的性质和其他相关情况造成影响。此外，公共部门使用的某些术语也异于私营部门。这些差异可能会影响公共部门的内部审计职能对《准则》的应用。因此，公共部门内部审计职能的外部质量评估应由了解公共部门活动和治理结构的评估团队进行。（参见**标准8.4 外部评估**。）

公共部门建立在法律框架之上并受其管理，该框架包括法律、法规、行政命令和规则以及其他管理要求，这些都是组织所属国家（地区）所特有的。在**《全球内部审计准则》**中，"法律和/或法规"的表述代表法律框架。法律和/或法规可以规定内部审计职能的职责和权限、在组织内的地位、报告关系、工作范围、资金来源和其他要求。公共部门的内部审计职能根据其职责和权限，往往需要关注以下内容：

- 确保遵守法律法规。
- 发现提高政府工作流程和项目的效率、有效性和经济性的机会。
- 确定公共资源是否得到充分保障和合理使用，以公平地提供服务。

• 评估组织的运营是否与其战略目标保持一致。

以下部分描述了公共部门在应用**《全球内部审计准则》**的过程中可能存在的不同情况。

法律和/或法规

首席审计执行官必须了解对内部审计职能完全遵循**《全球内部审计准则》**所有要求造成影响的法律和/或法规。章程或其他文件可用于说明内部审计职能应如何满足法律和/或法规以及实现《准则》的意图。如果无法遵循《准则》中的某些要求，首席审计执行官必须记录原因，并作出适当披露，同时遵循《准则》的所有其他要求。（参见**标准4.1 遵循《全球内部审计准则》**、**标准6.1 内部审计职责和权限**、**标准6.2 内部审计章程**、**标准8.3 质量**、**标准8.4 外部评估**、**标准12.1 内部评估**和**标准15.1 项目结果沟通**。）

法律和/或法规可能在以下方面对公共部门内部审计职能遵循《准则》造成影响：

- 当法律和/或法规规定了内部审计的职责、权限和章程时，首席审计执行官没有权力或不能进行修改。因此，**标准6.1 内部审计职责和权限**中有关对职责和权限进行定期检查并作更新的要求可能无法得到满足。然而，首席审计执行官仍然可以定期对职责、权限和章程进行重点审核，并将审核结果记录下来，确保已有的内容能够满足法律和/或法规的要求。

- 有关公开披露信息的法律和/或法规可能规定了需要向公众发布和不能向公众发布的文件类型。公共部门内部审计职能的方法体系应包括这些要求。(参见**标准 5.1 信息的使用**和**标准 5.2 信息的保护**。)
- 法律和/或法规可能会限制首席审计执行官与董事会进行单独讨论的方式。(参见词汇表“董事会”的定义以及**标准 6.3 董事会和高级管理层的支持**和**标准 7.1 组织上的独立性**。)
- 法律和/或法规可能要求公共部门的内部审计职能在公开会议上报告项目结果。发布项目结果的方法应该遵守这些要求。(参见**标准 11.2 有效的沟通**和**标准 15.1 项目结果沟通**。)
- 在公共部门，外部机构提供确认服务通常是法定的。在某些国家(地区)，最高审计机关可代替内部审计职能行使权力，要求内部审计职能按规定执行计划并共同开展工作。在**标准 11.1 与利益相关方建立关系和沟通**中，要求内部审计职能与外部确认服务提供方进行协调，这种权力可以取代协调的作用。(参见**标准 6.1 内部审计职责和权限**、**标准 9.5 协调和信赖**。)

公共部门的内部审计人员拥有广泛的利益相关方基础，其中包括管辖范围内的公众以及经任命和选举产生的官员。法律可能要求内部审计职能对公众负责并且保持透明。为了充分地为利益相关方服务，内部审计人员在计划和执行内部审计服务时可能要考虑公众的意见。公众意见可来自政府服务的使用者，例如公用事业、公共交通、公园和娱乐设施、建筑许可审批流程等。(参见**标准 9.4 内部审计计划**、**标准 11.1 与利益相关方建立关系和沟通**和**标准 13.2 项目风险评估**。)

治理和组织结构

公共部门的内部审计职能会受到各种结构的制约。有些公共部门可能会受组织内外多层级治理的影响，使首席审计官的报告关系以及对职能的监督和资金提供变得更加复杂。

《全球内部审计准则》涉及了与“董事会”和“高级管理层”相关的责任。词汇表使用涵盖公共部门各种治理结构的概念定义“董事会”。由于公共部门的董事会可能是政策制定机构，可能无权管理《准则》中定义的首席审计执行官以及内部审计职能的各个方面。例如，这样的机构可能无法任命、解聘首席审计执行官或确定其薪酬。在这种情况下，董事会仍应向管理层提供有关绩效评估和首席审计执行官任免决定的意见。在另一些公共部门中，“高级管理层”的定义可能与《准则》中的描述不同。当该术语用于指审计对象管理层时，必须采取保障独立性的措施，以降低内部审计职能工作受到干扰的风险。

在没有事先与直接监督内部审计职能的董事会和高级管理层协商的情况下，首席审计执行官应避免接受选举任职的官员的指示，除非这些官员负有直接的监督责任。

以下列举了部分特定的治理和组织结构，内部审计职能在这些结构下可能需要调整对某些标准的应用（以下内容并非详尽）：

- 内部审计职能可能独立于组织的其他职能，首席审计执行官直接向履行董事会职责的立法机构报告。

- 内部审计职能可能位于政府组织的最高层级，首席审计执行官直接向该组织负责人报告。
- 内部审计职能可能位于整个组织内的另一个组成部分中（如政府组织内的一个部门或其他单位），首席审计执行官向组织负责人或非执行董事/监事会报告。当存在分层级治理结构和多个治理主体时，就可能会出现这种情况。
- 内部审计职能可以独立于组织的其他部门，因为首席审计执行官由辖区内的选民选举产生并留任，不向组织内任何特定的监督机构或人员报告工作。
- 内部审计职能可能处于组织中的较低层级，首席审计执行官向该部门的一名高级管理人员报告。

尽管上述一些情况不符合**《全球内部审计准则》**中对独立性的要求，但建立一个由独立于管理层的公众成员组成的审计委员会，可以使独立性得到保障，并提供持续的监督、建议和反馈。（参见**标准6.2 内部审计章程**、**标准6.3 董事会和高级管理层的支持**、**原则7 独立地位**及其标准，以及**标准8.1 与董事会的沟通**。）

资金提供

公共部门内部审计职能的资金提供存在很大差别。一些治理和组织结构没有赋予董事会和高级管理层在预算方面的权力。在此情况下，首席审计执行官就无法向董事会和高级管理层寻求预算批准，而由于组织其他资金优先得到考虑的情形也限制了寻求或获取额外资金的能力。

例如，一些公共部门的内部审计职能可以向其董事会或立法机构提交独立的预算申请以供批准，而另一些内部审计职能的预算则仅被作为组织预算的一部分，内部审计职能的预算分配由组织负责人决定，通常由外部立法机构批准。无论是哪种情况，首席审计执行官都可以向董事会提出所需资源的要求。

即使预算由法律和/或法规规定，首席审计执行官也必须遵守有关预算管理标准的其他要求。（参见**标准6.3 董事会和高级管理层的支持**、**标准7.1 组织上的独立性**、**标准8.2 资源**和**标准10.1 财务资源管理**。）

公共部门的以下情况可能会限制首席审计执行官使用分配资金的方式：

- 职位分类结构和/或劳资协议通常根据职位所需的知识、技能及其职责为每个职位类型确定薪酬范围，从而限制首席审计执行官或董事会为每名员工确定薪酬的权力。在这种情况下，首席审计执行官就应该按照**标准10.2 人力资源管理**的要求，与人力资源部门进行协作。
- 可能会要求内部审计职能只使用组织批准的软件，这可能会限制首席审计执行官获得技术以支持内部审计职能的能力。公共部门的内部审计职能应与董事会进行沟通，争取技术需求的支持，也可能需要使用现有软件，以最有效的方式执行审计计划，同时保持对《准则》的遵循。（参见**标准10.3 技术资源**。）

- 当资金限制使首席审计执行官无法获得足够的资源开展外部质量评估时，公共部门的内部审计职能可通过参与同行间的评估项目开展评估。（参见**标准8.4 外部评估**和**标准10.1 财务资源管理**。）
- 当外部管理机构或监督机构为公共部门的内部审计职能提供资金时，首席审计执行官可能需要向提供资金的机构提供项目结果。（参见**标准11.1 与利益相关方建立关系和沟通**、**标准11.2 有效的沟通**和**标准15.1 项目结果沟通**。）